AF232547

MÉMOIRES

DE

MISS SÉRAPHIE DE GANGE.

Frappez cruel! quand la vie est affreuse
la Mort est le plus doux des biens.

MÉMOIRES

DE

MISS SÉRAPHIE DE GANGE,

OUVRAGE POSTHUME

DE MADAME R*****,

AVEC GRAVURES.

SECONDE PARTIE.

A PARIS,

Chez ÉTIENNE CHARLES, Imprimeur, rue
Nicaise, N°. 513.

AN IX.

MÉMOIRES

DE

MISS SÉRAPHIE DE GANGE.

SECONDE PARTIE.

Nous logions près des Tuileries, et chaque matin, avant l'heure où il est d'usage de s'y promener, nous y passions quelques instans. Nous y étions assis, mon père,

II.de. *Partie.*   A

milady Langlade et moi, lorsque nous aperçûmes sir George venir du côté où nous étions, mais tellement absorbé dans ses rêveries, qu'il ne voyait personne. Il était pâle, maigri, l'air égaré, la démarche incertaine. A cette vue chère et cruelle, tout mon sang se glaça. Milady le suivait de loin, accompagnée de son médecin. Mon père et elle se jetèrent un regard furieux. Depuis ce moment, sir George ne sortit plus de ma pensée. Mon cœur, oppressé de ses maux, en jugeait l'excès et le péril ; mais il fallait contraindre jusques à ma pensée que la raison combattait bien faiblement.

Un matin, un des gens de milady Alfied demanda à me parler particulièrement. Il me remit une lettre de sa maîtresse. « Miss, me disait elle, mon fils, mon seul enfant, l'objet de toute ma tendresse, et l'unique héritier d'une fortune immense, est dangereusement malade ; vous seule causez les tourmens sous lesquels succombent sa raison et sa santé : daignez, miss, recevoir ses visites ; votre présence calmera l'irritation de ses maux, que votre éloignement a dangereusement augmentés. J'attends cette faveur de votre pitié; vous la devez, miss, à la mère la plus malheureuse, et aux sentimens qu'a sir George pour vous. » Je ne pouvais rien décider sans l'aveu de mon père; il attendait à chaque instant M. Stolfe, et ce retour ne pouvait qu'augmenter le désir qu'il avait d'éloigner sir George. « Séraphie, me dit-il, avec le ton le plus sévère, quand je lui présentai la lettre de milady; lorsqu'elle vous fit enlever par des brigands, lorsqu'elle désira vous ravir l'honneur et la vie, elle ne s'inquiéta point si j'étais un père malheureux. Le ciel me venge, et la punit de ses forfaits. Répondez-lui, continua-t-il, avec colère, ce que je vais vous dicter. » Je m'assis, en tremblant, et j'écrivis :

« Je ne connais point, milady, le degré de douleur qu'éprouve une mère, à la vue de son fils, accablé de souffrances; mais, je connais celle d'une fille, à la vue de son père, presque mourant, assassiné, traîné dans une horrible prison : je sais aussi , milady , quels furent les tourmens affreux de ce père infortuné, lorque d'infâmes brigands enlevèrent sa fille chérie... Peut-être , milady , ma présence ferait-elle éprouver à sir George quelque soulagement ; mais la vôtre causerait à mon père une impression qu'il ne pourrait , ni ne voudrait supporter. Recevez , milady , mes excuses. »

Mon père cacheta ma réponse ; mais , en la portant moi - même au laquais qui l'attendait , j'écrivis sur le revers de l'adresse : *Mon père a dicté ma réponse.*

« Sir George est donc plus mal , » lui demandai-je ? — « Ah ! miss , bien mal ! Il veut mourir , quand il prend ses grands accès ; il est sans cesse occupé d'un chagrin dont rien ne peut le distraire. » Ce triste récit m'accabla ; je fus cacher l'impression qu'il m'avait faite , dans mon appartement.

L'arrangement des affaires de milady Langlade était terminé. Mon père parla de retourner à Londres ; mais elle s'y opposa : elle désirait , avant cette époque , rétablir sa santé ; finir son grand deuil , et me faire voir les beautés d'un pays où peut-être je ne reviendrais plus : « D'ailleurs , disait-elle à mon père , pourquoi ne pas attendre ici vos amis, y célébrer le mariage de ma sœur , et éviter l'éclat qu'il aurait en Angleterre ? Je donnai mon approbation à tous ces motifs ; mais le véritable était de ne pas m'éloigner de sir George : mon cœur ne pouvait plus tromper ma raison ; il était de glace sur tout autre intérêt.

La saison était superbe : nous parcourions les environs de Paris avec une extrême plaisir ; j'espérais revoir sir Édouard sensible aux charmes de milady Langlade ; mais l'amour éteint l'est pour toujours : il était de toutes nos promenades ; sa douce amabilité en bannissait la tristesse.

Un jour , nous étions à Marly avec quelques compatriotes. Je m'étais un peu éloignée de la compagnie : la situation de mon cœur me faisait désirer la solitude ; un bosquet très-sombre se trouva sur mon passage ; j'y entrai : mais, du fond du bosquet, partit un cri ! Un homme éperdu tomba à mes pieds, sans sentiment!....

A 3

C'était sir George. Mon trouble, mon effroi
furent inexprimables. Son cri avait été entendu de ceux qui nous entouraient : d'un
côté, parurent mon père, ma sœur, sir
Clarens et leurs amis ; de l'autre, milady
Alfred, son médecin, et un anglais que
nous ne connaissions point. Ils me trouvè-
rent assise, prête à m'évanouir, et sir
George à mes pieds. Milady et mon père
se jetèrent un regard furieux ; mais la
pitié, la tendresse, l'effroi, la surprise
suspendirent la haine, et tous les soins
confondus furent donnés à sir George. Son
premier mouvement fut de saisir une de
mes mains : « C'est vous, Séraphie, s'écria-
t-il, que le ciel envoie au secours de
l'être le plus malheureux ! malgré les fureurs humaines, il nous réunit ; il sait que
de vous seule dépendent le retour de ma raison qui s'égare, mon bonheur et ma vie ;
je voulais mourir ; je le voudrai encore,
si vous m'êtes arrachée... Votre vue me
rend le désir de vivre... ; mais ne m'abandonnez pas, ajouta-t-il, en serrant mes
genoux. Que la pitié de Séraphie, que la

bonté de son père, que la générosité de Darmance leur fassent souffrir près d'eux un infortuné, dont la scrupuleuse amitié ne les laissera jamais se repentir de l'avoir sauvé du plus affreux des malheurs ! Ma raison était égarée; vous m'en faites retrouver la jouissance : jugez, miss, quand elle sera fortifiée par le charme de votre société, combien son retour sera certain! Que le ciel me replonge dans l'affreux désespoir dont je sors, si je cesse un moment de respecter la vertu et la beauté!.... Mais, où est Darmance, dit-il, avec vivacité? Pourquoi n'entend-il pas l'instante prière que je vous fais? Soyez ma protectrice ; que les larmes que vous répandez obtiennent sa pitié, comme elles me garantissent la vôtre !»—« Cher sir George, dit mon père, Darmance sera incessamment à Paris ; nous l'attendons chaque jour:: il sera votre ami, comme je le suis moi-même. Mais, quittez cette posture fatigante ? ....» Il s'assit à ma droite, et le hazard plaça milady Alfied de l'autre côté. —« Ah ! mylord, continua sir George, si vous saviez tout ce que j'ai souffert depuis le jour où miss de Gange m'ordonna de cesser de vous visiter ! La raison et la vertu ont - elles de quoi dédommager des sacrifices qu'elles imposent ? Les peines que l'on renferme dans son cœur sont affreuses, quand surtout l'on n'a ni amis, ni consolation, et qu'elles offensent ceux qui les causent….. » — « Mon fils ! » dit milady, en jetant à sir George un regard furieux. — « Ah ! milady, lui dis je, ne perdons pas le fruit de cette heureuse révolution ; laissez l'amitié gagner ce que l'autorité n'obtiendrait jamais. » — « Miss Séraphie, s'écria sir George, et vous, mylord, que je chéris, que je révère, promettez-moi de me souffrir près de vous. » — « Je le promets, dit mon père ; mais sir George n'oubliera pas que la reconnaissance et l'amitié ont rendu irrévocables les engagemens que j'ai pris avec Darmance : Séraphie lui est destinée, et sera bientôt son épouse. » — « Destinée » ! répéta sir George, avec un mouvement de joie involontaire ; mais la réprimant tout-à-coup : « Je connais, dit-il, mes devoirs et les vôtres ; vous jugerez, mylord, si celui que vous honorez de votre amitié, en est digne. »

Pendant cette conversation, milady, combattue entre la joie que devait lui causer le retour de la raison de son fils, après un mois de la situation la plus affreuse, et la peine de la devoir à ceux qu'elle haïssait, gardait un silence quelquefois orgueilleux ; quelquefois attendrie, elle laissait échapper des mots coupés par ses soupirs. Non, la nature n'a point formé une ame absolument haineuse : je le vis dans le regard reconnaissant que cette femme, plus coupable et plus malheureuse qu'il n'en existât jamais, porta sur moi, lorsque nous nous séparâmes. Mon père embrassa sir George : « Demain, lui dit-il, si votre santé vous le permet, faites-moi l'amitié de venir dîner avec nous. »

En arrivant à l'hôtel, le premier objet qui frappa ma vue, ce fut Darmance, suivi bientôt de M. Stolfe. Leur présence, dans un moment où mon cœur était encore si violemment agité, où j'avais un besoin si pressant de recueillement , me causa un embarras que je ne cachai pas entièrement: mais , rougissant de trouver mon amitié si faible ; je repoussai la peine dont j'étais trop occupée. Darmance , dont l'extrême pénétration tenait à l'amour et à l'inquiète jalousie , devint sombre et triste pendant le souper : je jugeai que j'avais mal dissimulé mon agitation.

Le lendemain , sir George devait venir dîner. Je redoutais l'instant où il reverrait Darmance : j'attendais impatiemment sir Clarens , pour le supplier de le prévenir ; mais n'ayant trouvé personne pour l'annoncer , il se présenta tout à-coup. En voyant Darmance , il pâlit , il chancela. Il fut à lui en ouvrant les bras , avec la douce timidité de l'enfance : « Au nom de Séraphie , lui dit-il , ne me repoussez pas. » —«Moi , mylord ; moi , repousser l'homme estimable , dont l'amitié m'honore et me flatte également ! » Il l'embrassa. Nous comblâmes sir George de soins et d'amitié : « Quelle généreuse pitié ! nous disait-il , en portant ses regards attendris sur nous :

ne vous lassez pas, je vous en conjure ; ma tête est encore enflammée..... mon cœur est oppressé ; mais vos bontés et le temps.... (Il cacha sa figure dans ses mains) Mylord, dit-il à mon père, après quelques minutes de silence, le sort vous venge trop cruellement des injustices de milady Alfiedi » Pendant le dîner, il ne mangea point ; il parut contraint et souffrant, et se retira de très-bonne heure.

« Chère Séraphie, me dit mon père, le moment où nous devons prouver à nos amis notre reconnaissance, est arrivé. Ce soir Darmance espère recevoir votre main. » Je ne répondis point : mon cœur et mes lèvres étaient glacés. » Je suppliai mon père de m'accorder un instant de recueillement : il y consentit. Je fis à Dieu mon ardente prière ; il m'accorda la force dont j'avais besoin. Je reparus avec l'apparence du calme : l'on attribua ma pâleur à la pudeur naturelle de mon sexe. Quelques Anglais et ma famille furent seuls témoins de la cérémonie. Darmance reçut ma main avec un mélange de tendresse et d'inquiétude. J'offris au ciel le plus cruel des sacrifices.

Plusieurs jours se passèrent sans que j'entendisse parler de sir George. Ma peine secrète augmentait sans cesse ; mais j'en dévorais tous les supplices. Mon père me dit un matin, en rentrant, qu'il s'était vainement présenté chez lui ; que, soit par les ordres de milady, soit parce qu'effectivement sir George était trop souffrant, M. Stolfe et lui avaient été également refusés.

Le lendemain, l'on m'annonça milady. Que l'on se peigne ma surprise. « Miss, me dit-elle, avec la douleur la plus profonde, vous voyez la plus infortunée des mères ; sir George est dans un état digne de la pitié de toute ame sensible ; des fureurs effrayantes et un accablement absolu font également craindre pour sa vie : il vous nomme sans cesse avec des cris, ou le sombre organe du désespoir. Vous seule, miss, pouvez me rendre mon fils ; de vous seule dépendent sa vie et la mienne : au nom du ciel, ajouta-t-elle, en tombant à mes genoux,

genoux, ne repoussez pas la profonde inquiétude d'une mère ; vous le serez un
jour... Jugez de l'état de mon cœur, par
mes larmes et la démarche que je fais. »

J'avais relevé milady ; ce n'était plus
cette femme altière dont l'orgueil et la
haine m'avaient si cruellement insultée ;
c'était une mère ramenée à la nature par
la tendresse, la douleur et les alarmes : elle
me serrait dans ses bras. — « Chère miss,
me disait-elle, rendez-moi mon fils , et
bientôt vous me verrez vous offrir sa
main et sa fortune : aidez-moi à fléchir
le juste ressentiment de mylord de Gange.
Allons tous les trois rendre la vie à un
enfant digne de notre tendresse. » Je l'é-
coutais , je la regardais à travers mes
larmes, avec un effroi que je ne pouvais
vaincre.... « Ah ! milady, lui dis-je,
par combien de traits vous déchirez mon
cœur ! Il ne doit point être à sir George ;
depuis six jours, je suis l'épouse de Darmance. . . » Milady resta comme frappée
de la foudre. — « Plus d'espoir, dit-elle ;
tout est perdu !... Jamais sir George ne

IIde. *Partie.*   B

recouvrera la raison. » Je lui promis
de faire tout ce qui dépendrait de moi,
et je la quittai pour consulter mon père
et mon époux sur la visite qu'elle solli-
citait.

Mylord était déjà instruit de celle de
milady. Je le trouvai seul, marchant à
grands pas. — « Je devine, me dit-il, ce
que l'on vient vous demander : annoncez
mon refus. » — « Non, mylord lui dis-je,
vous ne refuserez point à sir George une
visite qui peut lui rendre la raison et la
vie. Sa mère était à mes pieds, il n'y a
qu'un instant ; elle va tomber aux vôtres :
repoussez-là , mylord, si vous avez ce cruel
courage ; oubliez les soins de sir George
dans votre prison ; oubliez, que je lui dois
l'honneur, lorsqu'il m'arracha des mains
d'indignes ravisseurs. Apprenez, mylord,
que mon cœur partageait la tendresse qui
cause son égarement. S'il périt, je ne lui
survivrai pas ; s'il est rendu à nos vœux
par votre amitié, doutez-vous quelle sera
la sévérité de ma conduite, quelle sera
mon respect pour vous, pour mon époux,

pour moi - même ? J'acquitterai jusqu'à
à mon dernier soupir la dette sacrée
dont je me suis chargée. Mais je n'ai
point une force surnaturelle; si mon père
m'abandonne, je succomberai peut-être. »

J'aperçus une larme dans ses yeux ; je
tombai dans ses bras, je l'entraînai. Milady fut prête à se trouver mal à sa vue;
mais sa douleur maternelle ranima son
courage, et la rendit supérieure à toutes
ses passions. Son éloquence était étonnante. Mon père n'eut ni la cruauté de
lui faire un reproche, ni le malheur d'être
insensible. — « Milady, lui dit-il, j'ou-
blirai tout, si le salut de sir George est
le prix de ce sacrifice. Je ne le fais pas
sans effort. »

Darmance, que j'avais prié de passer
chez mon père, arriva : je lui racontai
tout ce qui venait de se passer ; je lui
demandai son aveu pour accompagner mon
père. Il me le donna, et refusa de nous
accompagner lui-même, assurant froidement milady que sa présence pourrait irriter sir George. Milady parut redouter

ses réflexions; elle nous pressa de monter en voiture.

Quel spectacle s'offrit à nos yeux, en entrant dans l'appartement qui précédait celui de sir George. Ses gens tristes, effrayés, dans l'attitude d'une inquiète attention, observaient attentivement leur jeune maître. En apercevant milady, ils furent au devant d'elle avec le mouvement silencieux, mais expressif, qui disait : «Votre vue va le troubler.» Quel aveu pour une mère ! Elle avançait en me tenant la main : mes jambes tremblantes me soutenaient à peine : sir George ne nous apercevait point ; sa tête était appuyée dans ses mains, et ses cheveux en désordre. Nous nous arrêtâmes, et mon père entra seul. A sa voix, sir George leva la tête, lui serra la main, le fit asseoir à ses côtés, mais fut quelques instans sans pouvoir lui parler. — « Quel état, cher sir George ! tant d'esprit, et si peu de courage ! » — « Ah ! mylord, le désordre est là, dit-il en touchant son front ; mais dans mon cœur, il est affreux ! ... inexplica-

ble. . . . sans remède ; et s'il en était, je
n'en ferais point usage. Qu'est-ce que
la vie , quand on est privé de tout ce
qui pouvait la rendre heureuse ? Je ne me
plains de personne , mylord ; je n'en ai
ni le droit , ni l'injustice : je me plains
du sort qui m'a fait connaître et aimer
celle dont la destinée ne peut être unie à
la mienne : je me plains de la nature qui
n'a pas donné à ma raison la force de
commander à mes passions. J'ai toute la
théorie de la sagesse ; mais sa pratique ri-
goureuse est au-dessus de mes forces. . . . »
Il laissa retomber sa tête dans ses mains
et ne parla plus. Mon père lui adressa
tout ce que l'amitié sensible et consolante
peut inspirer ; mais il parut ne plus l'entendre.

Nous entrâmes alors. Il frémit en me
voyant ; une terreur soudaine parut l'agi-
ter ; il devint pâle, ses cheveux se dres-
sèrent sur sa tête , ses membres tremblans
se roidirent, des sons oppressés sortirent
de sa poitrine... — « Ah ! malheureux !...
s'écria-t-il, je ne puis voir sans frémir

J'épouse de Darmance... Non, mylord, je le sens, jamais je n'en aurai le courage; il faut la fuir vertueux, ou mourir ici coupable.... »—« Sir George, lui dis-je après un moment de silence, repousse donc les soins de l'amitié? » — « Mistriss, me répondit-il en me fixant avec effroi, cette voix, cette bouche ont donc juré? ... Ah! par pitié, éloignez - vous, je n'ose vous fixer... Vous me semblez porter l'empreinte des transports de mon heureux rival... Oui, toutes les souffrances, tous les supplices de la jalousie, tous les transports de l'amour sont dans mon sein. Qu'on me laisse...! Au nom du ciel, qu'on m'abandonne! .... Quand l'on m'a tout ôté, une stérile pitié ne fait qu'augmenter l'horreur de mon sort... » Il entra dans son cabinet, et nous fûmes forcées de nous retirer. J'étais mourante, milady au désespoir; mais elle pouvait se plaindre, et j'étais forcée d'enchaîner jusques à ma pitié au fond de mon cœur.

En rentrant, je trouvai Darmance dans mon appartement, avec l'air d'une profonde méditation. M. Stolfe était assis près de lui. Je rassemblai toutes mes forces pour raconter ce qui s'était passé : j'omettais quelques paroles de sir George, mais mylord les répéta. Darmance me jeta un coup d'œil sévère ; il me glaça d'effroi. C'était l'heure du dîner, la conversation fut contrainte ; Darmance garda un silence absolu. Je voulus prendre quelques alimens, mon cœur les repoussa. Je me trouvai mal ; les larmes que j'avais comprimées se firent un passage, et je vis à l'air irrité de Darmance, qu'il m'en faisait un nouveau crime. Elles avaient un peu diminué mes douleurs physiques, mais elles augmentèrent beaucoup mes souffrances morales.

Je restai seule quelques heures : le soir, je reparus avec un calme apparent. Je redoutais l'instant de me trouver tête-à-tête avec mon époux ; il fut triste, mais attentif ; il dit un mot de pitié sur sir George, et tout bas je le remerciai d'être juste ; car la jalousie rend les hommes plus cruels encore pour les autres qu'ils ne le sont pour eux-mêmes.

Le sommeil ne calma point mon inquiète agitation ; l'image de sir George me fut sans cesse présente. J'invoquais le ciel contre ma pitié ; je le priais de seconder le désir que j'avais de vaincre un sentiment involontaire et puissant : j'étais loin de prévoir toutes les épreuves auxquelles j'étais destinée.

Le lendemain, pendant le déjeûner, un des gens de milady Alfied vint s'informer si son maître n'aurait point paru à l'hôtel ? — « Nous étions accablés de fatigue, nous dit-il ; il s'était couché vers onze heures du soir, nous le croyons endormi ; il avait tout disposé pour nous le faire croire. Plusieurs voitures qui ont rentré fort tard, et d'autres parties pendant la nuit, ont forcé le portier de laisser les portes ouvertes. Il n'a point aperçu sir George ; et nous ignorons à quelle heure il a pris la fuite. L'on s'accorde à dire qu'il serait facile de suivre ses traces et le retrouver. » Je n'osais faire une seule question, je n'osais articuler un mot ; mais, me disais-je avec un serrement de cœur affreux, dans quel état peut-on retrouver un homme qui s'échappe avec le désespoir et la fureur dans l'ame?... On se sépara sans parler d'envoyer chez milady.

Ma sœur, peu accoutumée à juger les grands intérêts du cœur, et ignorant les tristes secrets du mien, entra chez moi : « Avouez, dit-elle, Séraphie, que le ciel punit bien sévèrement cette impérieuse milady : car enfin, sir George peut avoir fait une fin très-malheureuse ! » — « Oui, milady, lui dis-je, avec une amertume qu'il me fut impossible de dissimuler, le ciel punit les fautes ; mais il change aussi les cœurs. » Elle rougit. — « Je vais, continua-t-elle, envoyer un de nos gens savoir ce que peut être devenu ce pauvre sir George : car, je suis curieuse de savoir ce qu'il est possible que l'on en ait appris. » *Curieuse*, répétai-je tout bas : ah ! que ce mot est cruel ! et j'éprouvai le plus grand supplice.

Je ne revis personne jusques à l'heure du dîner. Mon père se fit attendre ; il rentra enfin, « Cela est incroyable, dit-il ! ne savoir à quelle heure il est sorti , ni quelle route il a prise !.... malheureux jeune homme !..... Je quitte sa mère : quel état affreux ! J'ai interrogé tous ses gens; pas une lueur de lumière ! il n'a emporté que quelque linge, l'habit le plus simple, uu chapeau rond, des bottes, ses bijoux, son or. Milady est certaine qu'il avait mille guinées ; cela tranquillise au moins, et prouve évidemment qu'il veut voyager, et qu'il n'a pas d'idées sinistres. » Mon père, en disant cela, me jetta un coup d'œil rapide. Ah ! si les sensations étaient visibles, il m'aurait vue à ses pieds, le bénir ! pour avoir soulagé mon cœur de sa peine la plus vive.

Le jours suivans ne produisirent aucune découverte, malgré les soins de milady et les recherches du lieutenant de police : il parut positif que sir George était sorti de Paris, au premier moment de son évasion.

Il avait été décidé, à l'instant de mon mariage, que nous resterions encore quelques mois à Paris; mais un avis donné à mon père, lui causa sans doute quelques inquiétudes sur les projets du duc, toujours amoureux de ma sœur : car il fut arrêté que nous partirions incessamment pour Londres.

J'avais un désir inexprimable de revoir milady Alfied avant mon départ ; elle était malade, et, réciproquement, nous envoyions l'une chez l'autre : mais je n'osais, je ne devais pas faire davantage. Sir Clarens, dont l'amour s'était changé pour moi en l'amitié la plus généreuse et la plus tendre, me parlait quelquefois de milady, à laquelle il rendait quelques visites ; mais ce n'était jamais que lorsque nous étions seuls, et je lui savais un gré infini de cette prudence.

J'allais partir sans avoir pu dire à cette mère malheureuse, dont les chagrins m'avaient fait oublier les fautes, tout ce que me faisait souffrir la certitude d'en être la cause innocente ; lorsqu'un matin, étant allé me promener aux Tuileries, de très-bonne heure, je la rencontrai : elle vint à moi ; son état était celui de la plus amère douleur. Nos larmes furent bientôt confondues ; aucune découverte n'avait calmé ses inquiétudes. Je suppliai milady de croire à l'intérêt profond que je prenais à ses maux et à ceux de sir George. Je lui faisais mes adieux , sans oser la prier de m'instruire de ce qu'elle pourrait apprendre , lorsque j'aperçus Darmance. Rougir , pâlir , balbutier , comme si j'eusse été coupable de quelque faute , fut ce qui m'arriva. Darmance prit tellement la dignité d'un époux mécontent , que milady s'en aperçut , et attribua notre rencontre au hasard. Darmance en augmenta ses soupçons et sa fierté : car , il prit un air ironique et incrédule , qui me parut blesser milady.

Tel est le caractère des hommes. Les plus coupables ne peuvent supporter , sans colère et sans ressentiment , la connaissance que l'on a de leurs fautes réelles : un mot , un conseil , une plainte , une larme échappée à celle qui en est la victime , ne fait qu'augmenter en eux un despotisme qui blesse à la fois le cœur et la raison ; et , sur le plus léger soupçon , leur

orgueil

orgueil irrité se permet de nous traiter en coupables.

Milady se retira. Nos voitures étaient à la même porte ; nous les rejoignîmes en silence. Il continua, entre Darmance et moi, jusqu'à l'hôtel : son air sévère me brisait le cœur ; j'avais les yeux remplis de larmes, qu'il feignait de ne pas voir ; il me donna la main pour descendre ; il n'entra point à l'hôtel, et ne reparut même que très-tard dans la soirée.

Quelles réflexions cruelles ne fis-je pas sur ma situation, d'après ce léger évènement ! quels dédommagemens pouvais-je me promettre, en retour de tout ce que j'avais fait pour les autres ! l'estime que méritaient au moins mes sacrifices, me paraissait achetée assez cher pour ne pas devoir craindre d'en être privée. Je frémissais à cette idée, et je sentais qu'une conduite, dans laquelle je trouvais déjà le plus dur despotisme, joint à une jalousie offensante, pouvait élever entre le cœur de Darmance et le mien une barrière insurmontable.

II^{de} *Partie.*   C

Les jours suivans se passèrent dans l'agitation des préparatifs de notre départ. Toute ma famille fut occupée de courses, de visites, d'achats. Moi seule ne quittai pas l'hôtel : tous mes devoirs, tous mes besoins, tous mes vœux se bornaient à demander au ciel sa pitié pour sir George, et le bonheur pour mon époux.

La veille de notre départ, Paggy se trouva très-indisposée, et son mal eut tous les symptômes d'un poison, non pas mortel, mais violent ; elle l'attribua à des gaufres qu'un de nos gens lui avait apportées. Nous fûmes forcés de rester encore à Paris ; et, comme nous ne pouvions nous passer de femme de chambre, un des domestiques français que nous avions pris en arrivant, nous proposa sa tante. Elle ne servait plus ; mais il nous assura qu'elle était très-adroite, et qu'elle resterait volontiers avec nous quelques jours. Elle parut effectivement nous convenir, à tous égards : c'était une femme de cinquante ans, adroite, polie, intelligente. Ma sœur surtout en parut enchantée. Un matin, elle

sortit avec elle de très-bonne heure , pour
acheter encore quelques bagatelles au Palais-
Royal. Le laquais , neveu de notre nouvelle femme de chambre (qui se nommait
Delor), n'ayant point paru , nous ne doutâmes point qu'il ne les eût accompagnées.
A l'heure du déjeûner , elles n'étaient
point encore rentrées , et nous n'en fûmes
point inquiets. Mon père , M. Stolfe et Darmance sortirent , comme ils le faisaient
tous les matins. A l'heure de ma toilette ,
ne voyant point paraître Délor , j'eus quelques inquiétudes. Je fus dans sa chambre :
tout ce qui lui appartenait était enlevé ;
dans celle de son prétendu neveu , c'était
la même chose. Chez ma sœur , au contraire,
tout était dans l'ordre ordinaire. Mes parens rentrèrent avec sir Clarens , et tous
partagèrent mes trop justes alarmes ; ils
se dispersèrent pour faire des informations.
Mon père fut chez le lieutenant de police ,
auquel il raconta ses peines et ses soupçons sur le duc. Le magistrat ne répondit
rien de satisfaisant ; il promit une recherche exacte, qui fut inutile , comme toutes

celles que nous fîmes faire nous - mêmes.

Cet événement me plongea dans la plus profonde tristesse. Mon père et M. Stolfe soupçonnaient Milady Langlade de s'être laissée entraîner aux séductions de la Delor. Cette idée me révoltait ; je la combattais sans cesse. Un jour, en faisant de nouvelles perquisitions dans l'appartement de ma sœur, dans lequel je n'avais pas trouvé jusqu'alors le plus léger indice qui pût lui faire soupçonner quelqu'intelligence avec le prince, que mon père croyait coupable de son enlèvement, Paggy trouva dans la poche d'un tablier de toilette, un billet, daté de la veille de la disparution de ma sœur. Voici ce qu'il contenait :

« Demain, à sept heures, trop chère milady, Delor vous conduira où tant de fois, et toujours vainement, je vous ai prié de vous rendre. N'apportez absolument que vos habits du matin, afin d'éloigner les soupçons aussi long-temps qu'il sera possib'e. C'est l'amant le plus tendre ; c'est le bonheur qui vous attend. »

Ce billet fut un coup de poignard affreux pour mylord et pour moi. Nous ne soupçonnâmes point qu'il pouvait avoir été laissé exprès par la Delor ; nous ne doutâmes plus que la fuite de milady ne fût volontaire ; et, dans ce moment même, nous décidâmes de partir le surlendemain.

Pendant le voyage, Darmance, attentif, mais silencieux, cherchait à pénétrer jusqu'au fond de mon cœur, pour y découvrir si les regrets de laisser ma sœur abandonnée dans une terre étrangère, n'étaient pas mêlés de quelqu'autre regret.

M. Stolfe, toujours affectueux, toujours tendrement attaché à cette Séraphie qu'il avait chérie dès l'instant qu'il l'avait connue, n'avait plus la gaieté que lui avaient donné le bonheur de retrouver son fils et notre mariage.

Sir Clarens, qui revenait avec nous, avait soupçonné mes sentimens pour sir George, et dès ce moment, son ame, délicate, douce et flexible, m'avait voué l'amitié la plus tendre et la plus profonde ; mais il était secrètement malheureux de ses peines et des miennes.

Mon père avait lu dans mon cœur ; il

en connaissait les souffrances : souvent, pendant la route, ses yeux, attachés sur les miens, se remplissaient de larmes ; mais il les détournait avec une expression qui me disait : « Plus de consolation à t'offrir ». Je baissais les miens avec un douloureux effroi. Mon existence, je le sentais, était le bien des autres ; ils en avaient disposé en abusant de leur force sur ma docilité ; je dépendais d'eux seuls ; je ne m'appartenais plus ; je m'appartenais si peu, que ma pensée même me semblait enchaînée sous les entraves d'un devoir sévère.

En perdant de vue la France, il me sembla qu'une portion de mon ame y restait attachée pour errer çà et là, pour veiller sur les jours de l'infortuné dont je causais la perte, et sur ceux de ma sœur que dans mon cœur je ne pouvais croire coupable : il y a trop loin, disais-je sans cesse à mes amis, de la légèreté au crime, pour y arriver aussi subitement.

C'était dans ces dispositions que nous arrivâmes tous en Angleterre. Je sentis la

nécessité de m'occuper du bonheur de ma
famille; je sacrifiai mes goûts solitaires,
mes études chéries, à tout ce qui pouvait
rendre leur vie amusée et agréable : tous
les jours nous avions un petit concert, composé d'un très-petit nombre de bons ama-
teurs; je me promenais, j'étais la lectrice de
mon père, je jouais aux échecs avec
M. Stolfe, je dessinais avec Darmancé,
je m'occupais des soins attachés à l'ordre
d'une maison assez considérable; j'avais
une scrupuleuse attention d'éviter tout ce
qui pouvoit rappeler à mon époux l'objet
de son inquiétude; enfin, je m'étais tellement identifiée aux goûts et aux plaisirs
de ceux qui m'entouraient, que je les
croyais heureux; et par-là, je l'étais moi-
même autant que je pouvais l'être. Si par
fois, quelques soupirs, quelques instans de rêverie me faisaient soupçonner que
l'ame de mon époux était inquiète, « Darmance, lui disais-je, peut-il douter du
pouvoir absolu qu'il aura toujours sur
mes sentimens? Mes vœux les plus ardens
ne sont ils pas pour son bonheur ?» Il me

serrait dans ses bras ; mais toutes ses pensées ne parvenaient pas jusques à moi.

Peu à peu je trouvai dans l'enthousiasme attaché à mes devoirs, une espèce de tranquillité que je crus véritable. Mais l'on ne renonce pas si facilement à soi-même. Je me croyais insensible, et je n'étais que forte. Quand l'image de sir George s'offrait à ma pensée, je la repoussais avec une espèce de cruauté ; je cherchais quelqu'un pour m'en distraire, ou je courais étudier sur ma harpe ou mon piano les morceaux de musique les plus difficiles. La nuit, si je m'éveillais pénétrée d'un songe dont il était l'objet, je marchais jusqu'au moment où mon réveil me faisait croire que je ne reprendrais pas ce rêve attachant.... Oh! comme il est fatigant et pénible de toujours lutter contre son propre cœur !

Un jour que nous étions rassemblés pour faire de la musique, Paggy, dont l'amitié et la fidélité faisaient une des douceurs de ma vie, mais que jamais cependant je n'avais instruite des secrets de mon cœur,

fit, par un excès de prudence, une mal-
adresse qui me causa beaucoup de chagrin.
Un des gens que milady Alfied avait laissé
à Londres, demanda à me parler particulièrement ; elle me fit un signe autant secrètement qu'elle le put, mais dont Darmance s'aperçut ; je sortis : le laquais me
remit une lettre de milady, dont je reconnus la souscription pour être de sa main :
il me pria de faire remettre ma réponse
à l'hôtel. Cet homme était déjà loin, que
j'étais encore immobile à la même place.
Paggy, attentive à mes actions, me dit que
l'on m'attendait pour commencer le concert ; je rentrai ; j'étais troublée : Darmance jeta sur moi un de ces regards pénétrans que je n'ai connu qu'à lui seul. Ce regard augmenta mon trouble : il me pria de
reprendre ma harpe. Ma main tremblait.
— « Vous tremblez,... me dit-il d'une
voix altérée ? » Ma première faute fut
une excuse, à laquelle il répondit par un
sourire amer. J'ai su depuis qu'il avait vu
sortir le laquais de milady Alfied.

Lorsque je fus seule, je crus pouvoir,

sans crime, ouvrir une lettre simple, dont la souscription était écrite par une femme; je brisai le cachet, et je lus: « Deux lettres que je vous ai directement adressées, très-chère mistriss, sont restées sans réponse; vous êtes trop sensible et trop honnête pour que ce procédé soit volontaire. J'employe un moyen sûr pour vous apprendre que mon cher sir George existe; j'en ai reçu un billet, dont je joins ici la copie: ce billet me sauve la vie… Mais quand finiront mes peines et mes alarmes? Adieu, chère mistriss; vous qui fûtes l'objet de mon injuste haine, vous le serez de mes éternels regrets. Sir Binkley, l'ami de mon fils, est parti pour l'Italie; il passera par la Suisse, où il espère trouver sir George. »

Copie du billet de sir George, à milady Alfied.

« J'ai fui, milady; j'ai voulu cacher à ceux dont l'inutile intérêt veillait sur moi, le désordre de tout mon être; j'ai cherché loin du tumulte de la société et des passions orgueilleuses, un adoucissement à mes maux... Je respire un air pur; j'habite une terre où je suis librement malheureux!... Oubliez moi, milady, je ne reparaîtrai près de vous que lorsque le temps aura cicatrisé ma blessure; lorsque je pourrai, sans une injuste envie, voir l'objet de l'adoration et des regrets du reste de mes jours. »

Où je suis librement malheureux ! répétai-je avec amertume! Mes larmes succédèrent à ma réflexion; j'entendis Darmance, je les essuyai; mais il vit leurs traces, car, quelles choses peuvent échapper à l'œil inquiet d'un jaloux! — « Mistriss, me dit-il, je vous trouble.... Ma présence trouble Séraphie ... je l'importune... je contrains les larmes et les regrets quelle donne au souvenir d'un autre homme!... j'interromps la sensible méditation qu'elle accordait à ses écrits... Où il n'y a plus de confiance, il n'y a plus de bonheur, ajouta-t-il avec un organe altéré!... » Il sort. — « Arrêtez, m'écriai-je!... Au nom du ciel, écoutez-moi!... Je n'ai point eu l'intention de vous faire un mystère...» Il ne m'entendait plus; il descendit précipitamment; il traversa la cour, en portant son mouchoir à ses yeux; il sortit avec les mouvemens d'un homme douloureusement agité... Mon ame était déchirée!... Me fuir dans cet état!... emporter l'idée que j'étais coupable!... refuser de m'entendre... j'étais au désespoir!... Mon cœur était innocent; mais les apparences ne l'étaient donc point? Ah! si je n'avais pas eu l'intime conviction de cette innocence, j'aurais été trop à plaindre.

Je courus dans l'appartement de mon père; il était avec M. Stolfe : ma vue, mon trouble les effraya. A travers mes sanglots, je leur racontai tout ce qui s'était passé... Ils blâmèrent la manière mystérieuse dont j'avais reçu et lu le billet de milady Alfied; leur blâme me confondit, me surprit, mais ne me persuada point que j'avais tort. Ma conscience était tranquille; je n'avais pas encore la con-

naissance

naissance du monde ; j'ignorais que les apparences y sont essentielles.

Cependant Darmance était malheureux , parce que j'avais lu sans lui un billet que j'allais lui porter, et que je n'avais sûrement pas caché lorsqu'il était entré chez moi ; et mes amis me condamnaient : toutes mes idées formaient dans ma tête le même chaos que mes sentimens dans mon cœur. Dans cette crise violente de chagrin, je leur dis tout ce qui s'était passé dans mon âme depuis le premier instant où j'avais vu sir George : surprise, estime, amour, reconnaissance, sacrifice absolu de mes sentimens à mes devoirs, je ne leur cachai rien ; mes expressions avaient la force énergique de la douleur et de la vérité. Je les vis pénétrés de mes maux ; ils me serrèrent dans leurs bras, et calmèrent un peu la violente agitation où j'étais.

Darmance, en rentrant, fut long-temps avec eux. Il parut ensuite pénétré de l'état de souffrance dans lequel il me trouva. — « Ah ! lui dis - je, si votre pénétra-

II^{de} *Partie.*   **D**

tion eût été employée à lire dans mon cœur, qui ne veut, qui ne désire que votre repos, vous auriez jugé de quels procédés il est capable, et du prix qu'il attache à ses devoirs et à votre estime. » Darmance m'aimait ; il partagea mon attendrissement. Il me supplia d'oublier sa sévérité ; mais, tacitement, il ne me pardonnait point une pitié pour sir George, qui, quelque juste qu'elle fût, blessait son orgueil, et excitait sa jalousie. Un sage l'a dit : « Quand ces deux passions règnent sur les hommes, les excès où elles peuvent les conduire sont incalculables. »

Je répondis à milady, et je soumis ma lettre à la censure de ma famille. On la trouva ce qu'elle devait être. Cette espèce de soumission ne me coûta aucun effort ; je venais de prendre une idée trop profonde de l'autorité d'un sexe despotique sur un sexe faible, pour en être blessée.

Cette scène affligeante avait redoublé ma tristesse : j'étais capable des plus grand efforts, quand le prix en était et l'estime et la paix. L'injustice diminua mon courage, irrita ce sentiment puissant qui, sans avoir é é vaincu, était au moins soumis à ma raison. Il devint impérieux; il fut l'image d'un volcan souterrain qui dévore le sein qui le renferme. Tous les goûts de la jeunesse s'enfuirent loin de moi avant d'avoir vingt ans : je les vis disparaître comme la fraîcheur des fleurs battues par l'orage.

Mon père qui, depuis plusieurs années, avait des accès de goutte, en eut une crise violente : un empirique qui, quelques mois auparavant, lui avait fait éprouver un peu de soulágement, lui fit prendre le même remède ; mais, hélas ! en peu d'heures, j'eus la douleur de le voir dans un état désespéré. Il ne regretta point la vie, mais les chagrins auxquels il me laissait en proie. Il mourut en serrant ma main, les yeux fixés sur le portrait de ma mère.

Ma tristesse fut aussi profonde que l'était mon attachement pour lui. M. Stolfe, dans cette circonstance, me donna mille et mille preuves de tendresse ; et Darmance....

subjugué par une jalousie qui lui faisait croire que mon attachement pour mon père était un vol fait au sentiment unique qu'il voulait posséder seul , ne fut pas touché de cette perte autant qu'il aurait dû l'être.

Trois mois après , une attaque d'apoplexie foudroyante enleva tout - à - coup M. Stolfe. Ma douleur fut égale à celle que je venais d'éprouver. Combien de fois n'offris-je pas ma vie au ciel , pour qu'il daignât prolonger la sienne !

Après ces deux pertes , il me sembla que je restais seule dans l'univers ; tant de chagrins m'avaient plongée dans une langueur alarmante. Darmance en était autant touché qu'inquiet. Je lisais dans sa pensée.... Que n'aurait - il pas donné pour pouvoir décomposer chacune de mes larmes , et voir tous les sentimens qui les faisaient couler !

Il employait tous ses soins pour me distraire ; mais les inégalités de son caractère détruisaient un jour ce qu'il avait gagné l'autre. Il était tour-à-tour tendre et farouche, complaisant et sévère, aimable et taciturne, tellement différent, enfin, que j'étais vivement inquiète de cette variété d'humeur : je m'attachai à en chercher la cause, et je la découvris enfin.

Le souvenir de sir George était le secret de mon cœur ; je le combattais par les efforts de ma raison : j'avais repris, à cette intention, l'habitude d'études assez continuelles ; je recevais quelques amis ; je faisais quelques promenades ; j'allais quelquefois au spectacle ; je faisais même un peu de musique ; mais mon empire sur ce souvenir ineffaçable ne s'étendait pas jusques sur mon sommeil. Il était, malgré moi, la première pensée du matin, et la dernière du soir ; et pendant la nuit, mon imagination cessant d'être enchaînée, se livrait à tous les élans dont elle était capable : crainte, espérance, douleur, bonheur chimérique, toutes les illusions des songes, enfin, occupaient mes nuits entières.

Darmance, sans doute, m'entendit souvent prononcer le nom de sir George. Occupant le même appartement, il lui

fut facile de m'observer ; c'est à quoi il passait une partie des nuits : c'était de l'espèce
de rêve qui m'avait agitée , que dépen-
daient le repos ou l'inquiétude de ses
jours.

Au milieu d'un songe où je voyais l'infortuné sir George dans l'état de désespoir où je l'avais laissé , il me sembla que
l'on m'avait fait des questions ; je m'é-
veillai pénétrée de crainte , mais sans laisser apercevoir que je le fusse. Ces questions perfides continuèrent : j'ouvris les
yeux , je vis Darmance , à la clarté de ma
veilleuse , appuyé sur mon lit : toutes les
fureurs de la jalousie étaient dans ses regards. Je fis un cri de terreur ! . . . Il
s'éloigna , et je restai pénétrée d'une juste
indignation contre un moyen aussi vil
d'arracher le secret d'un cœur honnête et
malheureux. Je jugeai alors quelles choses
odieuses peut inspirer la jalousie , et j'en
fus mortellement effrayée.

Nulle explication ne suivit cette nuit
affreuse. Darmance eut l'adresse de m'en-
tourer le lendemain , de quelques étran-

gers ; mais mon extrême froideur lui prouva mieux que n'eussent pu le faire mes reproches , le mépris que m'avait inspiré une action aussi basse.

Milady Alfied était depuis quelque temps en Angleterre ; elle s'était présentée chez moi à la mort de mon père : je n'avais osé la recevoir. Sir Clarens, cet ami précieux , cet unique objet de consolation, qui jamais ne se lassait ni de ma tristesse , ni des caprices de Darmance , se chargea de présenter à milady mes excuses et mes regrets. Il suppléa sans doute à ce que je ne dus pas ajouter , et son obligeante amitié lui fit saisir avec adresse le moment où j'étais seule , pour me donner des nouvelles de sir George. « Il est en Suisse , me dit-il , avec sir Binkley ; les lettres que milady , sa mère , a reçues , sont tristes ; mais elles sont sages. » Une larme que , malgré moi , je sentis rouler sur ma prunelle , me servit de réponse. Sir Édouard avait l'intelligence du cœur, qui dit tout , qui entend tout sans le secours des paroles.

Nous étions , depuis quelque temps , à

la campagne, voisins, comme je l'ai dit, d'un château du lord Delby, frère de milady Alfied ; mais nous n'avions nulles relations avec eux, et très-peu avec nos autres voisins. Renfermée dans le cercle paisible de quelques amis que M. Stolfe nous avait fait connaître, je ne désirais point de l'étendre. Tous mes plaisirs étaient renfermés dans l'étude de la peinture ; mes progrès étaient étonnans. Comme Darmance avait lui-même de véritables talens, il attirait souvent chez lui deux ou trois artistes savans ; ils étaient mes conseils et mes maîtres : je leur dus beaucoup ; car, dans le cours du reste de ma vie, l'art qu'ils m'apprirent à perfectionner, me consola, ou put me distraire de bien des momens de tristesse et d'ennui.

Un jour, que Darmance était à Londres, je m'étais écartée de chez moi un peu plus qu'à l'ordinaire, pour dessiner la vue d'un charmant paysage que j'avais commencé depuis long-temps ; Williams, qui m'avait accompagnée, était assis à quelque distance. Je dessinais tranquillement, lorsque tout-à-coup je me vis entourée par une nombreuse et brillante compagnie. Le lord Delby m'approcha avec le ton du respect, et m'exprima tout le plaisir qu'il avait de me rencontrer. Milady Alfied, qui accourut à moi, les bras ouverts, me sauva l'embarras de la réponse; elle m'entraîna à l'écart pour me faire part de la joie que lui donnaient les meilleures nouvelles de sir George. « Prenez cette lettre, chère mistriss; me dit-elle; je la reçus hier. » Mon cœur attirait cette lettre; ma main la repoussa: « Milady, lui dis-je, il me suffit d'être sure de la guérison de sir George; permettez-moi de ne pas.... » — « Elle n'est point de lui, me dit-elle, mais de sir Binkley, son ami; votre sévère délicatesse ne peut s'en alarmer. » La crainte de faire un refus malhonnête me fit recevoir cette fatale lettre. — « Ne vous occupez point, ajouta milady, du soin de me la rendre; je sais que mistriss Darmance ne peut visiter ou recevoir que ceux qu'admet son époux chez elle; le hasard qui nous réunit, peut nous réunir encore. » — « Milady , lui dis je , la tristesse de mon propre caractère m'éloigne plus de la société que la volonté de mon époux ; mais , s'il exigeait une retraite absolue , je m'y soumettrais : tel est mon devoir et ma volonté. » — « Chère, charmante femme , me dit-elle, en m'embrassant. » Et nous réjoignîmes la compagnie. Elle était occupée à regarder mon paysage. Lord Delby , assez haut pour que je l'entendisse , me louait avec une vivacité qui tenait de l'enthousiasme , sans s'éloigner du respect. Je me hâtai de m'éloigner.

Darmance arriva , au même instant que moi , au logis. Sa figure était si visiblement irritée , que je n'osai lui remettre la lettre que je tenais , et que je n'avais pas encore lue ; c'était mon intention cependant. Je n'avais point oublié le blâme que m'avait donné , dans une circonstance à-peu-près pareille , mon père et M. Stolfe ; mais , glacée par son regard soupçonneux et colère , je lui dis seulement quelle rencontre j'avais faite. « J'ai vu de loin , me dit-il , cette société nombreuse , que j'ai reconnue pour être celle de l'indigne lord et sa sœur. Prenez-garde, continua-t-il, mistriss, aux insinuations de cette femme dangereuse, dont la moindre liaison serait une offense à la mémoire de votre père. » — « Je n'ai nul projet, lui dis-je, d'avoir aucune intime relation avec milady; mais je pourrais le faire sans scrupule. Mon père lui avait pardonné; il la plaignait et la visitait. » — « Mistriss, si quelqu'impardonnable faiblesse vous fait oublier les procédés infâmes de cette furie, sachez que ce serait manquer à vous et à moi..... » — « Arrêtez, lui dis-je, et croyez que l'épouse de Darmance sacrifiera tout à son devoir, comme le fit miss de Gange. » Je me retirai, révoltée, je l'avoue, de la manière impérative et dure avec laquelle j'avais été traitée. J'ouvris la lettre de sir Binkley; eût-elle été de sir George, je l'aurais lue peut-être sans remords. Tel est l'effet de l'injustice : elle irrite l'ame, et ne la rend pas meilleure.

Lettre de sir Astolphe Binkley, à milady Alfied.

M I L A D Y,

« Après trois mois d'inutiles recherches, j'ai enfin découvert sir George, fixé dans un des plus délicieux village de la Suisse. Il m'a revu sans surprise, mais non sans un attendrissement profond. Sa santé, soutenue par sa jeunesse et sa force, est moins altérée que je ne l'avais craint. Son imagination, ardente et occupée, ne voit encore qu'un seul objet dans l'univers. Il vivait seul, isolé, inconnu, sans voiture, sans domestique, voyageant comme il plaisait au ciel de l'ordonner. Mon amitié le surveille; étant sans projets, il est sans résistance : comme un des plus grands maux de l'humanité est de ne tenir à rien, peut-être se trouve-t-il moins à plaindre depuis que j'attache ma destinée à la sienne, par des liens invisibles. Je lui ai proposé de venir avec moi passer l'hiver en Italie : il est encore incertain; mais je compte pouvoir

voir l'y décider. Un séjour trop long dans un même pays, ne pourrait plus le distraire ; la dissipation d'un voyage intéressant rendra, non pas tout à-coup son état heureux, mais plus calme.

» Soyez sans inquiétude, milady : ma tendre amitié pour sir George est égale à mon respect pour vous. »

Je relus cette lettre avec un attendrissement plus calme, mais non pas moins dangereux que celui que j'avais éprouvé en lisant celle de sir George, quelques mois auparavant : mes yeux ne pouvaient s'en arracher ; chaque ligne méritait d'être méditée avec cet intérêt profond du cœur, qui endort facilement sur les dangers. J'étais observée. Hélas ! Darmance s'abaissait à être l'espion des larmes de sa femme, comme il l'avait été de ses rêves. Il entra tout-à-coup dans mon cabinet, sans que le moindre bruit se fût fait entendre dans les appartemens qui le précédaient. Égaré, furieux, il fit un mouvement pour saisir la fatale lettre que je tenais d'une main, tandis que l'autre soutenait ma tête. Je ne changeai

II.^{de} *Partie*.   E

point d'attitude ; et , soit respect pour
moi , soit honte subite de son étrange
action , il s'arrêta......... Après quelques
instans de silence , pendant lesquels je pus
voir tout ce que lui coûtait cette contrainte : « Miss , me dit - il , peut-on savoir la cause d'une tristesse aussi profonde ?
—«Plus d'une cause peut , vous le savez ,
faire couler mes larmes ». —«Oserai-je ?...»
— « Ah , que n'osent pas , repris-je , avec
amertume , que n'osent pas les hommes ,
quand le despotisme et la jalousie gouver-
nent leurs actions , et décident leur autorité ! » — « Séraphie méconnaît Darmance
à ce point ? » — « L'homme généreux et
sensible qui porta ce nom , mérita mon
estime et ma reconnaissance , mon invio-
lable attachement : tous mes vœux furent
pour son bonheur ; mais , depuis qu'il a
méconnu Séraphie , au point de l'outrager
par d'odieux soupçons , il n'existe nulle
félicité pour eux ; il ne peut plus en exister.» Cette réflexion remplit mon cœur d'a-
mertume ; je répandis des larmes en abondance. Darmance marchait à grands pas ;

son air ne cessait point d'être farouche :
— » Souvent , dit-il, chez les femmes , tout
est extrême , excepté la sagesse de leurs
actions , toujours sublime en théorie , mais
aussi toujours faible en pratique. » — « Jamais ma conduite, monsieur , n'a mérité
cette injurieuse réflexion. Je pensais aussi
que cette sagesse dont les hommes se van-
tent , dirigeait leurs jugemens ; que cette
philosophie dont ils parlent sans cesse ,
leur devait apprendre à être justes , et à ne
pas accabler la faiblesse et l'innocence , du
poids de leur autorité. »—« Tout est facile ,
sans doute, mitriss, quand l'ame n'est point
irritée. » — « Mon ame , monsieur, l'est
douloureusement ; et mes actions n'ont dû
offenser personne. » — « Et cette lettre ? »
— « Elle est de sir Binkley ; j'allais vous la
remettre, même avant de l'avoir lue, quand
vos regards furieux et vos réflexions amères m'ont dicté la prudence de ne pas vous
irriter plus fortement, en vous la montrant.
Sait-on jusqu'à quel point ... ? » — « Ah !
Séraphie ! cette lettre enfin , faisait couler
vos larmes ? »—Elles auraient également

E 2

coulé devant vous : ne suis-je pas la cause innocente des malheurs de sir George? Celui de perdre la raison n'est-il pas cent fois plus affreux que celui de perdre la vie? Ne lui dois-je pas une profonde pitié? » — « Ah ! s'il connaissait l'étendue de cette pitié, il trouverait encore son sort digne d'envie! » — « Il la connaît : dès qu'il a pu juger mon cœur, il n'a pu me soupçonner une insensibilité cruelle. » Je sortis. Je sentais mon sang s'enflammer ; je laissai la lettre de sir Binkley, ouverte sur ma table, Darmance la lut sans doute.

Le lendemain, j'écrivis un mot de félicitation à milady Alfied ; et, ne voulant pas qu'elle pût soupçonner qu'il existait, entre Darmance et moi, un mystère équivoque, ce fut son laquais que je chargeai de la porter, après la lui avoir envoyée. Il me la rapporta lui-même ; j'y posai mon cachet. Il la vit partir : il parut plus calme ; mais il ne fut pas plus heureux.

Pendant plusieurs mois que nous restâmes à la campagne, il ne se passa rien qui pût renouveller ces scènes affligeantes.

Mais Darmance , partagé entre une passion
violente et une excessive jalousie , avait des
inégalités de caractère qui rendaient sa société peu agréable. Sir Clarens seul pouvait en supporter les fougues ou la profonde
tristesse. Ma vie , par cette raison , était
fort triste : je lui donnais , autant qu'il dé-
pendait de moi , l'apparence de la tranquillité ; mais il est un souvenir mélanco-
lique , qui , sans avoir l'activité de la douleur , en a toute l'amertume : il rend insensible aux beautés de la nature, aux plaisirs ,
aux dangers , à l'espérance , à la crainte ; il
répand sur toutes les actions cette indifférence profonde qui fait que l'on n'aime pas
la vie, et que l'on ne craint point la mort.

Nous retournâmes passer l'hiver à Londres. J'y fus un peu plus distraite ; je retrouvai dans la musique une délicieuse
jouissance ; elle me parut rendre l'ame de
Darmance plus douce : j'en fis souvent l'expérience , avec un nouveau succès ; il avait
quelquefois l'air d'être heureux ; j'espérais
qu'un jour nous pourrions l'être l'un et
l'autre.

Au printemps, sir Édouard Clarens nous fit ses adieux. Il allait passer quelques mois dans le comté d'Oxford, où mylord Clarens, son oncle, et ses biens exigeaient sa présence. J'en avais qui exigeaient également la mienne. Darmance me proposa d'y aller passer deux ou trois mois. Nous partîmes peu de jours après.

Je ne revis pas, sans une vive émotion, le séjour de mon enfance et celui où mon infortunée mère avait passé rapidement du comble du bonheur à celui du chagrin qui avait terminé sa brillante carrière : les événemens retracés par les lieux qui en avaient été témoins, frappèrent fortement mon souvenir : celui de ses vertus, de sa beauté, de ses jours heureux, de sa tendresse pour moi, de ses larmes, de l'état cruel où elle n'en versait plus, de sa mort enfin ; tout augmentait les regrets dont j'aimais à me pénétrer : dans chaque appartement, dans chaque endroit des jardins, je la voyais encore ; partout je devais une station à la piété filiale. J'étais pénétrée d'une émotion déchirante, que ma propre situation aug-

mentait encore. Ah ! disais - je , si à l'au-
rore de la plus belle vie , vous n'eussiez pas
été moissonnée comme une fleur par la tem-
pête, votre fille chérie aurait puisé dans votre exemple, ou les moyens d'être heureuse,
ou le courage de supporter le malheur !

Nous reçûmes les visites de nos voisins :
nous les rendîmes avec empressement. Sir
Édouard nous présenta mylord Clarens,
son oncle , vieillard respectable et adoré de
tous ceux qui le connaissaient. Son amitié
fut pour moi, par la suite , une de mes
plus douces consolations. Il avait beaucoup
connu ma mère; il en parlait comme d'un
ange ; il avait l'indulgence de trouver que
je lui ressemblais : cette idée décida sans
doute son tendre attachement pour moi ; il
regrettait beaucoup que sir Édouard ne fût
pas mon époux , et il le disait avec la fran-
chise qui lui était familière.

En allant chez lui, nous passâmes devant le château de milady Alfied ; toutes
les croisées étaient fermées : je savais ,
d'ailleurs, qu'elle ne l'habitait que deux
mois pendant l'automne.

Mylord nous gronda d'être arrivés tard, et de l'avoir surpris. — « Je ne pourrai, nous dit-il, vous donner que peu de compagnie. Je voulais vous faire faire connaissance avec mes plus aimables voisins : mais les uns ont du monde ; un autre, arrivé depuis deux jours, était sorti. Voilà pourtant mes bons amis qui viennent m'aider à vous fêter, ajouta-t-il en voyant arriver une dame et deux hommes qui l'accompagnaient. » Il m'avait fait asseoir à ses côtés. En attendant le dîner, il me présenta la harpe de sir Edouard ; je pinçai quelques airs. On servit : on dîna gaîment. Je fus placée entre mylord et l'un des étrangers. En sortant de table, l'on apporta quelques papiers publics ; on lut, en prenant le café, ceux de France, dont les troubles commençaient à occuper essentiellement. Ensuite, comme la chaleur était excessive, mylord arrangea un Wisk entre la dame, les deux étrangers et son neveu ; il fit une partie d'échecs avec mon mari, et me proposa, sachant que je n'aimais pas le jeu, de visiter les gra-

vures superbes dont son cabinet était rempli. Je les connaissais toutes : je préférai
descendre dans les jardins ; et comme la
chaleur était fort vive encore, j'entrai dans
le parc. Il est superbe : mille ruisseaux
y répandent une fraîcheur délicieuse ; le
calme le plus doux m'environnait ; je respirais la vapeur embaumée de toutes les
fleurs du printemps ; j'éprouvais une sen-
sation si douce....! Ah! disais-je avec plus
d'attendrissement encore que d'admira-
tion : qu'il serait heureux d'habiter cet
asile avec un être qui partageât mes sentimens !

Je marchais au hasard, bien sûre de
retrouver le château, en remontant les
ruisseaux qui partent du beau canal qui
est dans les jardins. J'avais, dis-je,
beaucoup marché quand j'aperçus le village au bout d'une allée terminée par le
saut de loup qui entoure tout le parc. Je
m'assis dans un cabinet de verdure ; il était
vis-à-vis une place du village, sur laquelle
vingt ou trente habitans paraissaient parler avec beaucoup d'agitation. J'étais as-

sez près pour tout entendre sans être vue. « C'est mon enfant, disait une femme, dont l'air et l'organe annonçait l'emportement ; c'est le mien, je le veux. » Un homme assis sur un banc de pierre, devant une maison, tenait sa tête appuyée dans ses mains : de temps en temps il la levait, pour porter des regards attendris sur l'enfant que tenait dans ses bras une femme qui pleurait amèrement. On voulait vainement calmer la colère de la mère ; elle était prête à s'emparer de son fils, lorsqu'un jeune homme sortant du parc où j'étais, en tournant un pont volant, entra dans la maison à la porte de laquelle se passait cette scène. Le juge de paix fut appelé ; la femme qui tenait l'enfant parla à tous ceux qui entouraient sa maison : ils s'éloignèrent en disant : « Le ciel le bénira ; c'est une bien bonne action. »

J'appelai un homme qui passait près de l'endroit où j'étais ; je le priai de m'expliquer cette affaire. — « C'est mon neveu, dit-il, qui était marié depuis dix ans à une femme bonne, douce, économe,

dont il n'avait point d'enfans : il en avait
du chagrin, de l'humeur même ; elle sup-
portait tout sans se plaindre. Il y a cinq
ans que cette fille que vous avez vue si
en colère vint se fixer ici. Elle débaucha
mon neveu ; elle devint grosse. Sa femme
fut prête à en mourir de chagrin, et lui
aussi ; car il s'aperçut bien vîte que cette
fille était un mauvais sujet. Il lui fit donner des secours, et ne la vit plus. Elle
accoucha : sa femme fut la trouver ; elle
lui donna dix guinées, à la condition
qu'elle lui donnerait son enfant et qu'elle
quitterait le pays. — « Ne prenez aucune
inquiétude, dit - elle à son mari, je me
suis chargée de votre fils ; il a une bonne
nourrice, nous l'éleverons ; c'est le vôtre,
je l'aimerai, et il me croira sa mère. »
« Mon neveu fut pénétré d'une grande reconnaissance, et, depuis ce jour, ils ont
vécu heureux. Mais ne voilà-t-il pas que
la véritable mère est venue réclamer cet
enfant, et qu'elle allait l'emporter, si le
meilleur jeune seigneur de l'Angleterre ne
lui donnait vingt-cinq guinées pour le lais-

ser à celle qui l'a adopté. Le juge de paix écrit actuellement l'abandon qu'elle va signer. »

Peu d'instans après, je vis sortir le même jeune homme, et regagner le parc avec précipitation, pour s'échapper à la reconnaissance de ceux qu'il venait de rendre heureux. Il était en lévite, en chapeau rond; je ne pouvais voir sa figure. Il rentra, retourna le pont, et suivit la route sur laquelle j'étais. Je sortis pour le féliciter sur sa bonne action. Dieu!.. C'était sir George... Un cri de surprise nous échappa; au même instant mes jambes fléchirent... Sir George me soutint, me fit asseoir, tomba à mes pieds... Nos larmes furent d'abord notre seule expression. — « Ah! Séraphie, me dit-il, que ces larmes me sont chères!... « Je ne pouvais répondre; mon cœur était trop oppressé... Ma main qu'il tenait serra sans doute la sienne, car je vis briller dans ses yeux un rayon de joie et d'amour!... Dans ce moment, nous entendîmes la voix de tous ceux que j'avais laissés au château.

château. Jamais terreur ne fut égale à la
mienne. — « Fuyez, dis-je à sir George. »
Il s'échappa sans être aperçu : il connaissait
tous les détours du parc.

L'on fut alarmé de mon agitation ; mais
je racontai rapidement la scène attendris-
sante qui venait de se passer au village,
et l'on n'en fut point étonné. Je n'avais
pas nommé sir George. Mylord Clarens
voulut savoir quel était celui qui exerçait
sur ses terres une bienfaisance dont il était
jaloux. Il fit tourner le pont, et nous entrâmes tous au village. Le juge de paix
vint lui raconter toute cette aventure ; il
apporta l'accord signé de sir George Alfied.
Tout mon sang se glaça au regard furieux
que me lança Darmance. — « Quel autre,
en effet, pouvait-ce être, dit mylord, que
le charmant sir Alfied ? Il est ici, ajouta-
t-il, depuis quelques jours, et nous ne
l'avons vu qu'hier soir. Il aime la solitude ; je l'avais fait prier, au moment de
votre arrivée, de venir dîner chez moi.
Il était allé chez son ancien instituteur,
qu'il aime beaucoup ; il sera revenu per

II^{de}. *Partie.*   F

le village, et a suivi évidemment l'occasion de faire une belle action. » Le juge de
paix en raconta plusieurs. Mon cœur
recueillait tous ces détails délicieux. Leur
souvenir, me disais-je, va me consoler de
l'injuste punition qui m'attend.

En retournant au château, sir Clarens
trouva le moment de me dire qu'il n'avait
appris l'arrivée de sir George que la veille;
qu'il lui avait été impossible, vu la manière dont nous étions entourés, de me
l'apprendre avant et après le dîner; qu'il
lui avait écrit un mot pour le prévenir
que c'était avec moi qu'on l'invitait à dîner, mais qu'il n'était point chez lui. Un
regard de reconnaissance fut mon unique
réponse. — « Mistriss, ajouta sir Edouard,
trouvez bon que je retourne avec vous ce
soir; votre époux m'en a fait l'invitation ».
— « Votre amitié, lui dis-je, sir Edouard,
est ma plus chère et ma plus précieuse
consolation ».

Nous remontâmes en voiture assez tard,
et pendant les six milles que nous avions
à parcourir, il fit de vains efforts pour

tirer Darmance de son sinistre silence. La
certitude où j'étais que sir George n'avait
point été aperçu, m'aurait laissé la liberté
de ne pas convenir que je l'eusse rencon-
tré ; mais mon respect pour la vérité, et
l'habitude de ne jamais la trahir, me dé-
cidèrent à tout avouer à la première question que me ferait mon époux. Le souper
fut silencieux ; nous nous retirâmes de
bonne heure. Sir Edouard laissait percer,
malgré lui, une inquiétude qui me prouvait sa profonde amitié.

Dès que Paggy fut retirée, Darmance
me demanda, sans autre préambule, si je
n'avais pas vu sir George? Il me regardait fixement en me faisant cette question. — « J'ai vu sir George, lui dis-je,
sans le connaître, exercer une action généreuse ; il est rentré dans le parc. Notre
surprise a été égale en nous rencontrant.
A cet instant même, vous vous êtes fait
entendre, il a disparu. J'atteste le ciel que
notre entrevue a eu cette rapidité : quelques
mots de surprise ont été les seuls que nous
ayons prononcés. Vous ne m'affligerez point,

j'espère, en doutant de cette vérité?...»
Elle porte sans doute un caractère sacré
qui entraîne la confiance et la conviction;
car Darmance, excessivement irrité, devint tout-à coup tranquille ; et cette explication que j'avais redoutée ne fut point
orageuse.

Il redevint cependant triste et inquiet:
il ne s'éloignait plus ; le bruit de l'arrivée
de quelqu'un le mettait dans une agitation
fatigante. Je voyais , avec peine , cet
état de souffrance; je l'engageai à presser
l'arrangement de nos affaires, pour quitter
le comté d'Oxford. Tous les sacrifices
m'eussent été possibles, si sa tranquillité
avait pu en être le prix. Mais cet empire sur mes actions, hélas! je ne l'avais
plus sur mon ame : un moment l'avait
détruit. L'action généreuse de sir George,
l'expression profonde de sa tendresse ; ses
larmes, ses craintes, tout était gravé dans
mon cœur , tout occupait ma pensée :
cette rencontre imprévue, en calmant mes
alarmes sur l'état de sir George, ne me
laissa plus la liberté de mettre sur le

compte d'une juste pitié, l'intérêt qu'il
m'inspirait. C'était un sentiment insurmontable, dont je tremblais de m'expliquer à moi-même toute la force ; je m'y
livrais sans résistance : hélas ! il était l'u-
nique charme, l'unique bonheur de ma
vie.

Paggy m'observait attentivement ; nulle
confidence, comme je l'ai déjà dit, ne
l'avait instruite de l'état de mon cœur ;
mais son amitié la faisait cependant me
traiter comme une femme occupée d'une
passion profonde et malheureuse. Soins
touchans, distractions adroites, égards
continuels, attendrissement sur mon sort,
tout me prouvait son attachement et sa
pitié. Un soir, elle me trouva plongée
dans mes rêveries ordinaires ; elle s'approcha de moi, prit ma main ; la sienne
tremblait. « Qu'avez-vous, Paggy ?... »
Elle tomba à mes genoux et me demanda
grâce pour une action téméraire...., pour
un service imprudent, peut-être. « Mais,
ajouta-t-elle, il est si malheureux,
qu'il m'a fait oublier la crainte de vous

déplaire; et quand vous me puniriez sévèrement, je ne pourrais me repentir....»
Elle me présenta alors une lettre de sir
George; je la repoussai, et je lui fis sentir toute son imprudence et sa témérité.
C'était me juger assez faible pour aimer
un autre que celui que seul je devais aimer; assez coupable pour entretenir une
correspondance qui, dès qu'elle était secrète, était criminelle; c'était m'exposer
aux soupçons jaloux de Darmance, et lui
donner un prétexte d'augmenter la sévérité
de ses procédés. Malgré ses prières et ses
larmes, je refusai la lettre, et ne voulus
pas même savoir de quelle manière elle
avait été remise : je lui ordonnai de la
rendre, en m'exposant le moins qu'il lui
serait possible.

Il n'est point d'action juste qui ne porte
sa récompense. J'avais bien fait, je le
sentais; j'étais affligée, mais fière de ma
prudence et de mon sacrifice. Paggy, les
jours suivans, n'osait me regarder. Je
redoublai d'égards pour elle ; sa pitié
pour sir George me l'avait rendue plus

chère ; mais il fallait qu'elle l'ignorât.

Depuis plusieurs mois, l'on ne parlait plus dans la province que d'une course superbe qui devait avoir lieu le 15 du mois de mai ; elle était annoncée depuis une année: la plus brillante jeunesse de l'Angleterre devait s'y rendre ; et nuls prétextes ne pouvaient seconder le désir secret que Darmance avait, sans doute, que je n'y fusse pas. Malgré le désir réel que j'avais de voir un aussi beau spectacle, je lui offris de m'en priver. Il me dit que les arrangemens étant faits depuis plus d'un mois avec mylord de Clarens, il ne pouvait les rompre, en supposant même que j'eusse aussi peu de désir que lui de partager cette bruyante fête. Nous nous rendîmes chez mylord la veille ; nous y trouvâmes la plus belle société possible : lui et sir Edouard aimaient les courses comme des anglais ; ils avaient des chevaux qui devaient courir, ce qui augmentait infiniment l'intérêt. Tout était réuni chez eux pour y passer un jour très - agréable. On devait y faire beaucoup de musique. Sir

Edouard était venu m'en prévenir : il m'avait dit aussi qu'il était enchanté de sir George ; qu'aux qualités les plus essentielles, il unissait la sensibilité et l'amabilité la plus rare ; qu'il prévoyait que l'amitié qu'ils avaient l'un pour l'autre durerait autant que leur vie.

Nous arrivâmes un peu avant le dîner. Sir George qui, sans doute, avait aussi beaucoup de monde chez lui, ne parut qu'à l'heure du concert. J'étais alors dans mon appartement. Paggy y entra d'un air timide ; et, craignant sans doute quelque surprise, elle me dit, avec l'air le plus craintif : « Il est ici avec sir Binkley, son ami, » et se retira sans me regarder. . . . . . « Bonne Paggy, dis-je, tout bas, je t'aimerai éternellement pour ce trait d'amitié et de prudence. » Mon cœur était dans une agitation inexprimable. Revoir sir George, renfermer pendant deux jours tous mes sentimens, ne lui offrir que l'épouse de Darmance, aimant, respectant ses devoirs ; ne recevoir ses soins, n'apercevoir son amour, ses chagrins, ses souffrances qu'avec l'extérieur de l'indifférence ; tout cela était un travail difficile et pénible. « Ah ! pourquoi, disais-je, la raison est-elle toujours en opposition avec la nature , qui semble avoir travaillé au bonheur de chaque individu ; tandis que l'autre ne doit agir que pour l'avantage de la société entière ? » Je m'armais de courage , lorsque j'entendis mylord , sir Édouard et Darmance , qui venaient me chercher. Tous étaient , excepté celui-ci , animés de la gaieté la plus vive. On m'enleva : je me trouvai au milieu de la salle du concert, où cent personnes étaient rassemblées. Le premier objet qui s'offrit à ma vue , ce fut sir George. Une symphonie brillante me sauva l'embarras du premier moment. J'exécutai ensuite un superbe morceau sur ma harpe, suivi d'un air délicieux. Les plus vifs applaudissemens le suivirent. Je regardai sir George. Sa figure brillait de plaisir et d'attendrissement : nos yeux se rencontrèrent ; l'éclair s'en échappa , et nos ames se virent à découvert. Sir George , à son tour , chanta une romance : air , paroles , expression , tout était déli-

cieux.... Charme puissant et dangereux!
mon ame était enchantée : chaque pulsation
de mes artères semblait troubler trop fortement mon attention. Sir George chantait
les tourmens de l'amour; c'était la situation
de nos cœurs ; le mien était oppressé ; des
larmes involontaires roulaient dans mes
yeux ; j'oubliais tout. Les foudres du ciel,
suspendues sur ma tête, n'eussent point dé-
tourné mon innocente attention. Darmance,
observateur sévère, vit avec l'œil perçant
de la jalousie, mille fois davantage que
l'amour.

Après le concert, sir George nous approcha avec l'empressement d'une ancienne
connaissance. Darmance ne put, sans une
contrainte visible, répondre avec la poli-
tesse qu'exigeoit cette prévenance. On passa
dans les jardins ; mille feux les éclairaient:
on se dispersait, on s'égarait, on se re-
trouvait. J'avais accepté le bras de mylord,
qui, tout occupé du succès de son brillant feu d'artifice, l'était fort peu de moi. Je
fuyais sir George, et je le retrouvais sans
cesse. Avec quelle tendre amertume il

me reprocha le refus de sa lettre ! avec
quelle ardeur il sollicita mon indulgence
et ma pitié ! « L'épouse de Darmance, lui
dis-je, ne doit voir dans sir George, s'il
veut conserver sa plus sincère amitié, qu'un
ami capable de l'encourager dans ses devoirs, et avoir lui-même le courage nécessaire à ses peines, et la prudence la plus
scrupuleuse dans ses actions. »

Le souper fut très-beau et très-gai,
chose difficile à réunir. On sortit de table
pour commencer le bal. Darmance me demanda si je veillerais tard. « La journée,
demain, sera fatigante, ajouta-t-il. » — « Je
me retirerai dès-à-présent, lui dis je, si
vous le désirez. » Il me tendit la main. Je
sortais, quand mylord devina mon projet.
Il m'entraîna dans la salle du bal, me
livra à la garde de la société, et me donna
sir George pour partener. Nous commen-
çâmes la première danse ; et c'était bien
le cas de dire, comme dans la chanson
provençale : *Je rencontrais son ame, quand*
il touchait ma main. Quel délicieux lan-
gage ! . . . . . Ah ! si le tremblement de la

mienne laissa deviner le trouble de mon cœur, ce crime fut involontaire ! Sir George était ivre d'amour.... Je m'arrachai aux transports de sa tendre gaieté ; mais les ombres de la nuit me laissèrent jouir paisiblement du souvenir d'un jour heureux.

De très-bonne heure, le lendemain, nous fûmes éveillés par une charmante musique, qui précéda notre marche : nous n'étions qu'à trois milles du lieu de la course; nous la parcourûmes à cheval. Notre troupe était nombreuse et charmante. Sir George montait un cheval superbe ; par hasard, son habit et le mien étaient de même couleur, soufre, et nos écharpes, lilas : ce hasard le fit nommer mon chevalier, par mylord que j'avais prié de l'être. Chaque femme avait le sien. Notre arrivée dans l'enceinte, fut brillante et applaudie. « Ne courez aucun danger, dis-je à sir George, lorsqu'il me donna la main pour descendre de cheval; car, le plus léger péril.... » Mes yeux achevèrent sans doute ce que je n'avais pas dû ajouter.... ;— « Ah ! milady, me dit-il, ce moment m'assure la victoire. »

Nous

Nous montâmes sur les gradins d'un vaste cirque, garanti du soleil par le bois antique dont il était entouré. Il dominait la superbe prairie sur laquelle était tracé l'espace de la course. Le signal se fit entendre ; et tous les chevaux, montés par des jokeys, partirent avec fureur. Un de ceux de mylord gagna le premier prix ; c'était celui sur lequel il comptait le moins. Telle est notre prévention : un domestique modeste et sûr, n'est bien connu que dans les occasions où un grand zèle est nécessaire.

Deux cents jeunes Anglais, montant des chevaux superbes, firent ensuite le tour de l'enceinte. Sir George était distingué, au milieu de cette brillante troupe, à son air noble, à la beauté de sa taille, aux charmes de sa figure, à la grâce avec laquelle il maniait son fier coursier ; tous les vœux qui, avant de le voir paraître, n'avaient pas d'objet particulier, lui furent adressés... Mes regards durent lui annoncer plus d'inquiétude que de désir de la victoire ; les siens semblèrent me la promettre. Dans ce moment, c'était Mars,

II^{de}. *Partie.*

G

volant à la gloire. Le signal fut donné, et tous partirent avec la rapidité de l'éclair. Mon cœur était dans une anxiété bien pénible ; je suivais sir George ; ses rivaux étaient à ses côtés ; plusieurs même le devançaient : mais, en approchant de l'endroit où j'étais, il les devança tous... A l'instant, mille voix, mille cris répétèrent : *Vive sir Alfred ! vive le beau sir Alfred !*.... Quel moment ! mes larmes coulaient, et je ne m'en apercevais point ; tout mon être était pénétré de cette forte émotion qu'inspire l'union de mille cris de joie réunis et de l'attendrissement délicieux que fait éprouver le succès éclatant de celui que l'on aime.

Il y avait trois prix : le premier était une rose blanche, piquée d'un superbe diamant ; le second, une rose rouge, piquée d'une émeraude ; le troisième, un œillet, piqué d'une turquoise. Chaque vainqueur devait l'offrir à sa dame : alors, elle descendait dans l'enceinte, et les juges qui avaient distribué les prix, donnaient encore à chacune une écharpe superbe, brodée en argent.

Sir George m'approcha avec une joie modeste et timide : « Si le prix, me dit-il, d'une voix tremblante, était la couronne de l'univers, je la mettrais également à vos pieds. » Je lui donnai la main. Après avoir attaché la rose à mon côté, il me conduisit aux juges. Comme mes compagnes le furent aussi, ils nous passèrent les écharpes. Nous montâmes à cheval; et, précédées de toute la musique, accompagnées de nos chevaliers et de ceux qu'ils avaient vaincus, nous fîmes le tour de l'enceinte, au bruit des applaudissemens.

Sous une tente immense, placée au milieu du bois le plus frais et le plus beau, l'on avait dressé des tables où six cents personnes devaient dîner : une, élevée sur un tertre de gazon, et dominée par un chêne antique, était destinée aux trois vainqueurs et à leurs dames. Une musique charmante ajoutait beaucoup au plaisir que donnait cette superbe fête, et favorisait aussi les conversations particulières. Sir George ne négligea pas cette occasion pour me parler de ses sentimens, des événe-

mens qui nous avaient séparés , de ses regrets , de ses chagrins. Je le conjurai de
m'oublier , et de ne pas attacher son sort
à une destinée qui ne m'appartenait plus.
Je lui parlai de Darmance avec éloge , et
j'employai la véritable sévérité du devoir,
pour le supplier de ne nous faire que la
seule visite qu'exigeaient les événemens de
la journée. « Ah ! pourquoi , me disait - il
avec douleur , ne puis-je trouver dans la
certitude de votre tranquillité , une consolation réelle ? Cessez de me faire l'éloge
d'un époux tyrannique et jaloux. Je sais
tout , Séraphie ! . . . sir Clarens , cet ami,
digne de toute votre amitié , ne m'a pas
caché vos chagrins. »

En sortant de table , je rejoignis avec
empressement Darmance. Il avait été au
supplice depuis notre arrivée. Je ne pouvais me dispenser d'ouvrir le bal avec sir
George. Nous l'ouvrîmes effectivement , au
bruit de tous les applaudissemens réunis.
Je proposai ensuite à mylord et à mon
époux , de nous retirer ; ce qu'ils accep-
tèrent l'un et l'autre avec plaisir.

Nous montâmes dans la voiture de mylord, lui, une autre femme et moi. A peine
y étions-nous placés, que nos chevaux,
effrayés par je ne sais quoi, partirent et
s'emportèrent avec une fureur que nos cris
et iceux des spectateurs augmentèrent encore. Le postillon fut d'abord renversé, le
cocher de même : le chemin était sur une
levée; nous allions être précipités, lorsqu'un ange! ... un dieu! sir George enfin,
passant comme l'éclair, saisit les rênes
abandonnées; et, au risque d'être écrasé
mille fois, plaça son cheval en travers à
la tête des nôtres, et les arrêta.

Mylord n'avait cessé de pousser des cris
de fureur; il pensait moins au danger qu'il
courait, qu'au déplaisir de trouver ses chevaux coupables d'une pareille incartade.
Ma compagne était évanouie; moi! ....
j'attendais; je comptais sur le miracle qui
arriva. Sir George n'avait-il pas vu le péril
où j'étais? n'était-il pas né mon libérateur? Il ouvrit la portière; je me jetai
dans ses bras : « Il fallait donc encore, lui
dis-je, vous devoir la vie! .... » — « Séra-

phie, chère Séraphie , me dit-il avec transport , pourquoi ne pouvez-vous me devoir
le bonheur ? » Nous fûmes bientôt entourés ; c'était un bruit , un trouble , un désordre inexprimable : on s'étonnait de ma
tranquillité ; sir George en était ravi : ma
confiance en son courage n'avait point été
trompée. Darmance , l'air à la fois triste et
content , était jaloux que je dusse à un autre qu'à lui , mon salut. Lui , sir Clarens
et tous nos gens étaient déjà à cheval au
moment où nous étions montés en voiture.
Comment sir George avait-il devancé tout
le monde ? C'est ce que mylord Clarens
voulait savoir absolument. « Un de vos gens ,
mylord , lui dit sir George , tenait un cheval au moment où ceux de votre voiture
se sont emportés ; je saute dessus , et mon
bonheur a secondé mes vœux. » — « Charmant jeune homme , disait le vieux mylord , deux victoires en un jour : il faut un
prix , » ajouta-t-il , en tirant de mon doigt
un anneau d'or et d'émail , et le passant à
celui de sir George. Nous partîmes enfin ; et , malgré les instances de mylord ,

je retournai chez moi. J'avais besoin , non
de sommeil , mais de recueillement : car ,
quel repos vaut le souvenir délicieux de
devoir la vie à ce que l'on aime !

Le lendemain, mylord , sir Édouard, sir
George et tous les hommes du canton vinrent
me voir. « Il ne reste de notre accident , disait mylord , que la gloire de sir George;
sa modestie semble s'en être accrue. Je vous
engage, nous dit-il , à Darmance et à moi ,
d'en faire votre société intime : mon neveu
vous dira , mieux encore que moi , toutes
les qualités essentielles qu'il possède. »
— « Mylord, répondit Darmance milady
Alfied avait eu des torts si graves avec
mylord de Gange que , par respect pour sa
mémoire… » — Que vous a fait son fils ,
dit brusquement mylord ? et pourquoi le
punir des folies de sa mère , que mylord de
Gange avait pardonnées ? Quand on trouve
le rare assemblage des vertus et des agré-
mens , il faut les chérir et les honorer. »

Sir George nous rejoignit dans ce moment. Darmance , malgré la contrainte
qu'il paraissait vouloir s'imposer , eut une

jalousie si visible, que sir George en fut
interdit. « Mistriss, me dit-il , avec tristesse , je sens qu'il faut sacrifier à votre
repos l'inexprimable bonheur de vous voir. »
J'eus le courage d'applaudir à ce projet.

Quelques jours après, je priai Darmance
d'aller sans moi dîner chez un de nos
voisins , qui nous avait invités. J'é-
tais un peu souffrante; la chaleur était vive;
il y consentit. Je fis porter ma harpe dans
le parc, où il y avait des endroits très-frais,
de fort bonne heure , dans l'après-midi.
J'essayais de me rappeler l'air et les paroles
de la romance de sir George , lorsque tout-
à-coup je le vis paraître. A sa subite arrivée, je fus prête à me trouver mal ,
tant j'étais certaine du chagrin que pouvait me causer cette visite , que la jalousie de Darmance refuserait d'attribuer au
hasard. Je le lui dis ; mais il mit tant
de charme dans ses discours, tant de délicatesse dans ses expressions ; il me parut si pénétré du bonheur de me voir sans
la contrainte dont j'étais sans cesse envi-
ronnée ; je lui devais tant de reconnois-

sance, d'égards et de pitié, que je n'eus
pas la force de lui refuser, au moins quelques instans. Cependant, il s'en passa bien
peu sans que je lui renouvellasse mes instances pour s'éloigner. « Il faut faire davantage, lui dis-je, puisque nous sommes
réciproquement funestes à notre repos ;
ayons le courage, sir George, de ne plus
nous voir ; oubliez Séraphie ; ne faites
pas dépendre votre bonheur d'un seul être ;
lorsque mille seront plus dignes sans doute
de le faire. Mon sort , je vous l'ai dit ,
est attaché à celui d'un homme vertueux ,
que je n'affligerai jamais volontairement.
Éloignez - vous, sir George, au nom du
ciel, éloignez-vous ! laissez-moi aller à la
rencontre de Darmance, et le consoler du
chagrin qu'il aura d'apprendre que vous
êtes venu, en lui donnant les momens que
je pouvais passer près de vous. » Je l'en-
traînais... — « Encore un moment, sé-
cria t-il, l'ombre de ce lieu solitaire vous
cachera mon amour... Séraphie ! au nom
de cet amour malheureux, accordez - moi
un seul moment...» Il tenait ma main ;

il avait mis un genou en terre... Ce fut, hélas! dans cet instant fatal que Darmance parut tout-à-coup : jamais toutes les foudres du ciel n'auraient pu m'effrayer davantage. Pourquoi, dieux justes, n'avez-vous point placé sur nos fronts un signe distinctif qui peigne la surprise honteuse de l'homme coupable, ou l'embarras timide de l'homme innocent ? Je me sentis chanceler. Le regard de Darmance était celui de la fureur ; elle perçait à travers sa froide, son insultante ironie. — « Vous ne m'attendiez pas sitôt, mistriss ... J'étais inquiet de votre santé ;..... un juste pressentiment m'a dit que je trouverais ici sir George : j'ai voulu profiter de l'honneur de sa visite : ce parc solitaire est bien préférable à l'assemblée tumultueuse que je quitte. » — « Monsieur, répondit sir George, inquiet de ma situation et contraignant sa juste impatience, vous connaissez mon respect, mon adoration pour mistriss? » — « Oui, sir Alfred, je les connais. » — « Elle m'ordonnait de me retirer, dans la crainte que ma visite ne vous parût suspecte, dans un instant où le hasard m'avait fait la trouver seule. Je résistais à cet ordre rigoureux , lorsque vous êtes arrivé. » — « La résistance était douce ; vous étiez aux genoux de mistriss. » — « J'y sollicitais à la fois et le pardon de ma résistance , et la faveur d'un moment d'entretien. » Un signe de doute fit rougir sir George de colère ; mais un regard qu'il porta sur moi lui fit sentir la nécessité d'une modération sans laquelle Darmance était capable de faire la scène la plus scandaleuse. — « Souvenez-vous , continua sir George, que la vertu de mistriss est mille fois au-dessus de vos soupçons. Dans l'instant même , votre éloge était dans sa bouche. N'oubliez pas la préférence flatteuse... » — « Je n'ai rien oublié, dit impérieusement Darmance... et je n'oublierai rien, ajouta-t-il en jetant un regard furieux sur nous et s'éloignant. » Je le suivis ; mais au lieu d'aller au château, il prit la route que devait suivre sir George en retournant chez lui. Je le fis supplier d'en prendre une autre. Il m'obéit. Hélas! avait-il jamais fait autre chose? Fallait-il qu'un seul instant de résistance à ma volonté nous causât les plus grands malheurs!

Il y avait près d'une heure que j'étais rentrée, lorsque Darmance revint au château. Sa figure était tellement décomposée par la fureur, que le seul regard que je portai sur lui me fit frémir. Je gardais un profond silence. Un seul mot de ma part eût été l'étincelle qui enflamme le volcan. Je me retirai dans mon appartement; il resta dans le sien tout le soir : il se coucha tard : il me parut, à la position de sa lumière, qu'il écrivait.

Seule avec Paggy, accablée d'inquiétudes, je passai la nuit sans fermer les yeux; je répandais des larmes amères et sur mes peines présentes, et sur celles que me préparait l'avenir. J'étais au désespoir, en songeant que je devais paraître coupable aux yeux de mes autres domestiques. J'avais désiré d'être seule; j'avais reçu un jeune homme dans un lieu écarté : il était parti subitement à l'arrivée de

mon

mon époux, qui était rentré furieux ; et moi toute en larmes. « Combien de femmes, disais - je ; pour des apparences plus faibles, ont perdu le repos et l'honneur ! »

A cinq heures du matin, le laquais de Darmance partit à cheval, et lui-même, seul, une heure après. Que l'on juge, s'il est possible, quelle dût être ma terreur, en le voyant prendre la route du château de sir George ! Tout ce que l'imagination peut offrir de sinistre se présenta à ma pensée. Je ne doutai point que Darmance ne fût allé provoquer sir George en duel. Le froid de la mort me semblait circuler dans mes veines. Je voyais Darmance victime de la jalousie dont j'étais l'objet, ou son adversaire assassiné pour moi ; la mort, ou la haine éternelle de mon époux ; un éclat ineffaçable, ma réputation perdue ; tous les maux, enfin, me semblaient mon partage !

Après sept heures d'un supplice inexprimable, Darmance rentra dans la cour du château. Je fus tranquille sur son sort.

II^de. Partie. H

Mais, grands dieux !... si j'avais pu me cacher jusques alors à moi - même, la force de mon amour pour sir George ; si j'avais asservi le sentiment le plus puissant sous le joug de la raison : dans cet instant, la nature l'emporta sur le courage, sur la vertu même ; tout ce que la douleur a d'affreux, déchira mon cœur ! Darmance approchait ; je l'entendais, et je ne contraignais ni mes cris, ni mon désespoir. En voyant son barbare sourire, je jugeai que sir George avait tombé sous ses coups ; je crus voir sa main teinte de son sang.... « Cruel, vous l'avez donc assassiné ! » dis - je, en tombant à ses pieds sans mouvement.

J'ignore quel temps je restai dans cet oubli de mes maux. En revenant à la vie, Darmance s'offrit à mes yeux ; je poussai un cri douloureux, et je tombai dans des convulsions effrayantes. Le reste du jour, je fus dans le même état, ou dans des faiblesses : ce ne fut qu'au milieu de la nuit que je reconnus ma fidelle Paggy et sir Edouard. « Il n'est donc plus ! m'écriai-je. Et c'est pour moi qu'il a perdu la vie !... » Je me jetai dans ses bras. « Sauvez - moi ; lui disais - je de l'horrible supplice de revoir son assassin ! Conduisez - moi chez mylord Clarens . . . ou laissez - moi m'arracher la vie . . . » — « Chère , adorable amie ! me dit sir Clarens , sir George vit encore : entendez-moi ; notre ami vit encore , pour vous aimer et pour vous plaindre. Occupé de vous seule , c'est lui qui m'a envoyé près de vous. » « Il vit encore ! » répétai-je, sans oser le croire. Il me le jura , et mes larmes alors commencèrent à couler. « Au nom de l'amitié , lui dis-je, ne l'abandonnez pas à des soins étrangers ; courez près de lui ; qu'il sache , s'il peut encore vous entendre , que Séraphie voudrait donner mille fois sa vie pour racheter la sienne ; qu'il fut , qu'il est , qu'il sera , jusques à mon dernier soupir, l'unique objet de mes vœux et de mes regrets. J'offense le ciel , par ce coupable aveu ; mais pourquoi n'a-t-il pas défendu l'honneur et l'innocence ?

Sir Clarens donna l'ordre de seller ses chevaux; son jokei était endormi; il eut, avant de partir, le temps de me raconter les détails de cette cruelle affaire.

« Le laquais de Darmance avait remis à six heures, me dit-il, un billet insultant pour sir George, qui fixait le lieu où ils devaient se battre. Sir George répondit :

« N'étant coupable d'aucune offense envers M. Darmance, je n'accepterai le cartel qu'il m'envoye que lorsqu'une explication, dont je le prie de prendre mylord de Clarens pour juge, aura décidé si notre honneur exige ce scandaleux éclat. »

» Darmance fit répondre qu'il se rendrait chez mylord. Il arriva de très-bonne heure. Sir George le suivit de très-près; il conservait autant de sang froid que Darmance en avait peu. » — « Mylord, dit sir George, veut-il être le juge de mes torts envers monsieur, et décider si je dois refuser ou accepter le cartel qu'il vient de m'envoyer ? » — « Il faut, dit mylord étonné, que votre adversaire me prenne

également pour arbitre , et s'engage
à suivre mon jugement. » — « Mylord ,
dit Darmance , je suis offensé , et mon
honneur m'ordonne de punir un séducteur. » — « Arrêtez , répliqua sir George , respectez une femme aussi pure que
les anges : que mylord daigne m'écouter.
Lorsque je vis miss de Gange pour la
première fois , elle était accablée de
tous les chagrins que ma cruelle famille
accumulait sur la sienne. Vertus sublimes,
beauté , jeunesse , courage , talent , tout
en elle était réuni pour enchanter et pour
séduire ; vous l'éprouvâtes comme moi ,
Darmance : mais plus heureux , tout secondait vos vœux ; tout vous rapprochait
de Séraphie, lorsque je n'avais qu'à réparer envers elle des torts que j'aurais voulu
effacer de mon sang. Je n'avais de droits
que sur sa pitié , et vous les aviez tous.
Elle vous devait la vie de son père ; elle
dut encore sa liberté à la noble générosité du vôtre. Elle s'acquitta de ces dettes
sacrées par le don de sa main. J'ignore
si ce fut sentiment ou sacrifice de sa part.

Vous méritiez l'un ; elle était assez supérieure aux affections ordinaires pour être capable de l'autre. Vous fûtes le témoin de tout ce que me fit souffrir la perte absolue de mes faibles espérances : la nature, plus forte que la raison, l'emporta ; je fus prêt à la perdre. Les soins de l'amitié rétablirent peu à peu le calme dans mon ame : je revis mistriss Darmance entourée du voile sacré de ses vertus : mon amour pour elle existera jusques à mon dernier soupir ; mais si, par des vœux téméraires, je pouvais oublier loin d'elle le respect qu'elle m'inspire, sa présence me le rendrait à l'intant. Hier, je n'avais pas prévu la visite que je lui fis : allarmée sans doute par votre jalousie, elle m'ordonna de me retirer à l'instant où je parus : je trouvai cet ordre excessivement sévère ; je saisis sa main pour la retenir, lorsqu'elle voulait me fuir sans m'entendre : je fléchis un genou devant elle pour obtenir un moment d'entretien, et le pardon de ma résistance. Vous parûtes dans cet instant, vous l'offensâtes, et je me retirai avec la

résolution de ne l'exposer jamais à l'injustice de vos soupçons. Voilà, mylord,
le récit et l'aveu fidelle de mes actions et
de mes sentimens. » — « Cette rencontre, répondit Darmance furieux, ne fut
point imprévue ; et lorsque je vous surpris aux genoux de mon infidelle épouse ! . . . . » — « Monsieur, s'écria
mylord courroucé, cette accusation est horrible ! vous - même vous rougirez de votre
injustice, quand plus de sang froid vous
laissera apprécier l'épouse que vous ca-
lomniez. »

» Darmance plus égaré, insulta sir
George d'une manière si grave, qu'il devint impossible d'arranger leur querelle.
Ils sortirent ; ils se battirent à cent pas
du château. Darmance porta à sir George
un coup qui le renversa : il aurait achevé
de le tuer, si mylord et moi ne nous fussions jeté entre lui et ce furieux. Sir
George fut porté chez mylord : il perdait beaucoup de sang. Le chirurgien du
canton se trouva, par un heureux hasard,
chez mylord ; il jugea la blessure pro-

fonde , mais point mortelle. Nous le croyons de même. Il a conservé toute sa connaissance ; c'est lui qui , plus alarmé des fureurs de Darmance contre vous que de sa propre situation , m'a envoyé pour vous garantir et vous rassurer sur son état. » — « Ah ! qui peut assurer , lui dis-je , que les coups qu'il a reçus ne soient pas mortels? La vengeance et la jalousie n'en doivent point porter d'autres. Partez à l'instant , sir Édouard , et ne me donnez pas des soins , plus nécessaires à votre malheureux ami. »

A peine était-il sorti , que Darmance, qui n'avait pas rentré dans mon appartement, depuis l'instant où sa présence m'avait fait une impression si violente , et qui , plus inquiet encore que jaloux , avait permis que sir Clarens jugeât si mon état était aussi périlleux que les larmes et les craintes de Paggy l'annoncèrent ; Darmance, dis-je, se présenta l'air altier , le regard impitoyable et menaçant ; l'air si féroce , enfin , que je ne croyais pas qu'une figure humaine pût porter pareille empreinte... Il me faisait frémir! il me faisait horreur!... et dans ma profonde terreur, dans ma douleur amère, je ne pus lui cacher l'impression dont sa vue me pénétrait. Il sortit avec des mouvemens de fureur.

A huit heures du matin, à-peu-près, il rentra dans mon appartement pour m'ordonner de le suivre. Cet ordre ne m'étonna point : le laquais de sir Edouard n'étant pas revenu, je pensai que sir George n'existait plus. Tout mon sang se glaça; je ne versai pas une larme; il ne m'échappa point une plainte. On m'habilla, on me porta dans ma voiture, où les soins de Paggy me sauvèrent la vie, pendant les faiblesses continuelles que j'éprouvai jusques à Londres, où nous arrivâmes cependant sans arrêter.

Toute la nuit, j'entendis un bruit continuel dans la maison : il était causé par l'emballement de beaucoup de choses nécessaires pour un grand voyage. A la pointe du jour, Darmance vint m'annoncer qu'il fallait à l'instant partir pour Paris.

« Il n'est donc plus ! » m'écriai - je avec un cri douloureux, dès que je me trouvai seule avec Paggy, qui, abîmée dans la plus forte douleur, ne me répondait que par ses sanglots . . . Mon cruel époux, sans pitié pour l'état de souffrance dans lequel j'étais, pressait notre départ ; il m'entraîna, ou plutôt me porta dans une vaste berline, où je me trouvai plus étendue qu'assise ; autrement je n'aurais pu en supporter le mouvement. Etonnée de ne pas voir monter Paggy à mes côtés, j'en demandai la raison. — « Je n'ai pas jugé à propos, répondit Darmance, de confier le secret de ma retraite à une étrangère ; elle restera quelques jours ici, et viendra incessamment nous rejoindre ». Je l'aperçus, cette fidelle amie, baignée de larmes ; je lui tendis les bras, en poussant des cris douloureux. Dans ce moment, mon cœur ne sentait que cette cruelle séparation. Darmance criait aux postillons de partir : ils obéirent. Un long évanouissement m'ôta la connaissance de mes maux : je ne me souviens pas même parfaitement comment

se fit le voyage. J'arrivai mourante à Paris,
où, pendant douze jours, je fus dans le
péril le plus imminent.

Darmance, pendant ce temps, me pro-
digua ses soins. Ah! s'il avait su quelle
affreuse impression il me faisait, chaque fois
que cette main barbare, qui venait d'arracher la vie à l'objet de ma profonde et
juste tendresse, touchait et comptait les pul-
sations de mon poulx; tout insensible qu'il
était, il aurait eu pitié de ma souffrance.

Avant de partir, il avait congédié tous
ses gens, excepté son homme d'affaires,
Paggy, des concierges et les jardiniers de
nos terres. Il s'occupa, aussitôt que je ne
fus plus en danger, d'en chercher une à
acheter en France; il y en avait mille
à cette époque (1789) : on lui en offrit
une en Dauphiné, dont les détails lui firent
juger qu'elle était ce qui lui convenait.
Nous partîmes avant même que ma convalescence fut décidée, et malgré les médecins, pour la visiter. La situation en
était triste ; le château, inhabité depuis
vingt ans, était antique, isolé, délabré ;

tout portait l'empreinte de l'abandon. Darmance cependant l'acheta et la paya comptant. Aux dispositions qu'il fit, je jugeai qu'il avait l'intention de l'habiter : je dus me regarder comme prisonnière dans ce triste séjour, où j'espérai finir bientôt une vie trop malheureuse !

Je demandais souvent des nouvelles de Paggy. Les réponses vagues et embarrassées de Darmance ne me laissèrent pas douter que son intention ne fût de nous séparer absolument. Elle m'avait surement écrit, et ses lettres étaient interceptées, comme les miennes l'étaient sans doute aussi. Je hasardai un jour de demander s'il ne m'en était point arrivé d'elle ou de mylord, ou de sir Clarens ? — « De sir Clarens, répéta ironiquement Darmance, de cet obligeant ami ? ... Non, mistriss, il ne vous en arrivera point ; mon notaire à Paris est le seul auquel j'aye donné mon adresse. »

On peut aisément juger quelle était la tristesse de mon existence. Darmance, livré tour-à-tour à sa passion pour moi, que

mon

mon indifférence, ma terreur même rendaient fort malheureuse, y ajoutait tous
les supplices de la jalousie, que ma tristesse et mon dégoût pour la vie aigrissaient
encore. Reproches offensans autant qu'in-
justes; menaces, douleur, ironie, tendres
instances, fureurs, j'éprouvais tous ces accès différens auquel l'abandon de l'univers
entier unissait tout ce qu'il a de triste;
je supportais tout ; je me résignais sans
me plaindre. Mon cœur, déchiré d'une
blessure plus cruelle, sentait faiblement ses
autres maux. J'étais tombée dans une espèce de stupeur, dont aucuns des objets
qui m'environnaient n'étaient propres à me
tirer. Je n'avais que mes crayons ; mais
j'en faisais fort peu d'usage. J'étais ser-
vie par une espèce de duègne nommée
Rachel, vieille femme d'une figure très-
dure, et d'une humeur plus dure encore:
elle couchait à côté de ma chambre, dans
laquelle les autres domestiques n'entraient
jamais; et pendant le jour, excepté les
instans que j'étais à table, elle ne me
perdait pas de vue.

II ^{de} *Partie.* 1

Toutes mes promenades se bornaient à marcher lentement dans deux sombres avenues tenant au château. Je me plaignis de leur humidité, on les fit élaguer. Un jour que je lisais à l'extrémité d'une de ces avenues, et que Rachel s'était endormie à quelques pas de moi, un paysan ramassant les branches des arbres que l'on taillait alors, s'approcha et jeta à mes côtés un paquet cacheté à mon adresse : il s'éloigna à l'instant, et continua son ouvrage. Je cachai le paquet, et je fus dans ma chambre pour l'ouvrir. Je reconnus l'écriture de sir Edouard Clarens ; un tremblement universel me saisit : ma vue troublée n'osait s'arrêter sur cet écrit qui allait me retracer sans doute les derniers instans de l'être le plus regretté. Mais, ô surprise ! . . . . . . ô bonheur inespéré ! Je lus ces mots : « *Sir George, lorsque je l'ai quitté, était dans une parfaite convalescence.* » Mes genoux fléchirent, mes bras s'étendirent vers le ciel qui l'avait sauvé ; mes larmes, mon inexprimable joie ; mon ame, enfin, toute entière, pénétrée de reconnaissance et de bonheur, rendit grâce à la bonté suprême de sa justice et de ma félicité. De ce moment j'oubliai mes peines, je ne sentis plus mes souffrances ; je calmai l'agitation délicieuse dans laquelle j'étais, et je lus enfin la lettre de sir Edouard :

« Votre départ précipité , mistriss , plongea vos amis dans la plus vive inquiétude ; elle augmenta les maux de sir George, des jours duquel nous avons désespéré. Aussitôt qu'il fut sans danger , mylord Clarens et moi courfimes à Londres, décidés à réclamer en votre faveur la protection des lois. Vous en étiez partie. Votre bonne et fidelle Paggy augmenta nos alarmes, en nous apprenant la conduite cruelle et impitoyable de votre époux, et le mystère absolu qu'il avait gardé sur ses projets. Sir George devina , en nous revoyant, tout ce que nous voulions lui cacher. Aussitôt qu'il put supporter la voiture, nous revînmes à Londres , espérant qu'alors Paggy aurait reçu quelques lettres. Elle n'en avait point : elle passa encore, comme nous, plus de six semaines dans les plus vives alarmes. L'homme d'affaires de Darmance en reçut enfin une lettre, renfermant quelques ordres relatifs à ses biens, et celui de compter cinquante guinées à Paggy, dont, disait-il, les services vous étaient inutiles, ayant pris deux femmes françaises qui devaient rester près de vous autant de temps que vous habiteriez la France, ce qui probablement serait long. Paggy était au désespoir; je la conduisis chez une de mes parentes, où elle restera jusques au moment où elle pourra vous servir.

» Darmance, dans sa lettre, a donné l'adresse de son banquier, mais point la sienne. Nous ne pûmes douter que son projet ne fût de vous éloigner pour long-temps de l'Angleterre, et vous priver de toutes relations avec vos amis. Sir George, dont le désespoir est inexprimable, ne devait pas venir à votre secours : ce ne fut pas sans une peine infinie que mylord parvint à le faire consentir qu'il resterait à Londres pendant que je tenterais

tous les moyens de vous découvrir à Paris;
car alors nous vous y croyions fixée.

» J'obtins bien difficilement du banquier
de Darmance l'aveu de sa sésidence en
Dauphiné; je me rendis aussitôt dans la
ville la plus prochaine de votre triste prison : vous pouvez la voir, mistriss, du
haut de votre château. J'avais laissé mon
laquais et ma voiture dans un bourg, à
deux lieues : déguisé en jardinier, j'ai
fait connaissance avec celui auquel Darmance a donné le soin de ses jardins : il
me croit un élève; je le paye bien pour
m'apprendre à tailler les arbres. Depuis
quinze jours, mistriss, je viens chaque
jour tenter les moyens de vous approcher,
et pénétrer mon cœur de la tristesse empreinte sur votre front. Si vous ne dédai-
gnez pas l'amitié, si vous ne détestez pas
la vie, au nom du ciel et des amis qui
vous chérissent, consentez, mistriss, à
prendre mylord Clarens pour protecteur :
vous n'avez que des parens très éloignés;
il sera votre appui, il vous arrachera, avec

l'autorité des lois, des mains d'un époux barbare; vous pourrez, pendant la nuit, vous échapper, en me faisant savoir celle que vous aurez choisie; je me trouverai au bout de votre avenue avec un homme âgé et respectable, auquel j'ai confié une partie de vos chagrins. Nous vous conduirons à l'abbaye de Beaurepaire, distante au plus de trois lieues de votre château; là, vous attendrez mylord mon oncle, dont la prudence, l'âge et l'amitié vous rendront le repos, et mettront vos jours, véritablement en danger, à l'abri du délire d'un furieux. »

La lettre de sir Clarens était remplie de beaucoup de sollicitations, et de mille preuves d'amitié. Oh! combien je fus touchée de la bonté de mes amis!

« Mon cœur, pénétré de la plus vive reconnaissance, lui écrivis-je à l'instant même, n'oubliera jamais vos procédés sensibles et généreux; mais Séraphie ne rompra point volontairement les liens qui l'attachent au libérateur de son père, au fils du respectable Stolfe : ces titres

qui, jusques à ce jour, ont sauvé Darmance de ma haine, le sauveront aussi
de ma vengeance. Ma modération peut le
ramener à une conduite plus juste, ou
bien le temps me donnera une résignation
plus parfaite. Sir George n'ignore point
que c'est en sacrifiant mes sentimens et
mes vœux que j'ai engagé ma foi à un
autre que lui; ce secret, dont vous fûtes
le dépositaire dans un instant où je le regardais comme la dernière consolation de
la vie qu'il perdait pour moi, est un aveu
coupable de mes sentimens; ma vie entière doit être une preuve de l'innocence
de mes actions. Ne pouvant oublier sir
George, je dois le fuir, et me soumettre
au joug que mon sort et mon sexe exigent
également que je porte en silence. Retournez, cher sir Edouard, auprès de vos
généreux amis; offrez ma reconnaissance
à mylord; reportez à sir George la même
prière que je lui fis dans notre rapide,
funeste et dernier entretien; qu'il m'ou-
blie, qu'il conserve ses jours, et que le
ciel vous comble de ses bienfaits. »

Je traversai mon antichambre sur la pointe du pied : la vieille , dont la porte était cependant ouverte , ne m'entendit point ; je gagnai l'avenue sans être aperçue : sir Clarens dirigea ses pas vers moi ; je laissai tomber mon mouchoir et la lettre : en le voyant si près de moi , je fus prête à oublier toute espèce de prudence , pour lui exprimer ma vive , ma tendre reconnaissance ; il me rapportait mon mouchoir : j'allais lui parler lorsque la voix aigre de Rachel se fit entendre. « Mais voyez , disait - elle , la belle idée , de sortir , de rentrer , et de sortir encore ! Maudit escalier ! j'ai les jambes rompues. » Je rentrai sans répondre. Sir Clarens me regardait. — « Mais voyez cet imbécille , lui dit-elle , qui reste là planté comme un piquet ; s'il t'arrive de nous approcher... », en lui montrant sa petite canne à poignée... Elle murmura pendant une heure ; mais , que me faisait ce murmure ? j'étais heureuse....! Ce mot étonnera ceux de mes lecteurs qui n'ont point passé de l'état d'une vive douleur à celui de la tranquillité la plus douce. Esclavage, tyrannie, solitude, fureurs de la jalousie, tout cela n'avait pas cessé d'exister ! ... Mais sir George vivait ! .... mais j'étais estimée, et chère à mes amis ! Tant de biens à la fois me rendirent le courage, et peut-être la vie. Ma figure, sans doute, portait l'empreinte de ma secrète joie ; car, pendant le souper, Darmance me fixa plusieurs fois avec l'air de la surprise et d'une observation qui me firent brûler la lettre de sir Clarens aussitôt que je fus rentrée dans mon appartement.

Les jours suivans, je fus surveillée avec une espèce de persécution. Je voyais sir Clarens ; pourquoi ne partait-il pas ? Avait-il quelque chose encore à me dire ? Je tremblais qu'il ne fût découvert ; je n'osais l'approcher ; j'écrivis un billet ; je descendis, très-décidée à le lui remettre pendant ma promenade ; je le suppliais, pour mon repos, de retourner à Londres, quand tout-à-coup j'entendis plusieurs voix confuses demander de l'eau, du linge, des vulnéraires. « Qu'est-il donc arrivé ? » demandai-je avec précipitation. — « Rien, répondit un domestique ; c'est seulement le garçon du jardinier, sur la tête duquel il est tombé une grosse branche ; il est presque mort. » Je me précipitais, je courais vers l'avenue où cet accident était arrivé, avec une extrême précipitation, le cœur glacé d'effroi et de douleur. J'étais presque parvenue à l'endroit où l'accident était arrivé, lorsque Darmance, que je n'avais point aperçu, sortit tout-à-coup d'une contre-allée, et m'arrêta par le bras avec une fureur telle, qu'il me fit un mal très-sensible. — « Femme perfide ! s'écria-t-il ; génie infernal, sous la forme d'un ange ! retournez sur vos pas ; vous ne verrez plus le digne confident de vos coupables amours ; sa mort va me venger de votre audace et de vos noirs complots. » Je tombai évanouie. En ouvrant les yeux, je me trouvai dans ma chambre, livrée aux soins de Rachel, qui m'accablait de reproches insultans : je fus assez long-temps sans écouter ce que sa fureur ou sa vigilance trompée lui faisait dire. Mais

comme elle parla de mon anglais , j’é-
coutai. « S’il était mort , encore , disait-
elle ; mais bah ! Est-ce que ça meurt les
amoureux ? C’est une punition du ciel qu’il
a placée sur la terre : il y en aura , je
parie, tant que le monde existera... Il
s’en est retourné à la ville à pied , comme
s’il n’avait pas été blessé ; et demain ça
sera à rôder autour du château comme un
espion , déguisé de toutes sortes de ma-
nières ; en chien , peut-être...» — « En
chien , mère Rachel ! dis - je ravie de ce
que, pendant son bavardage, elle m’avait
appris que sir Edouard était peu blessé,
et qu’il n’était point exposé aux fureurs de
Darmance ... « Oui, en chien , répéta-t-
elle ; j’en ai bien vu un déguisé en loup : les
coups de fusil d’un mari qui était jaloux ,
et dont je gardais la femme , lui glissaient
sur le corps comme des noyaux de cerises. »
— « Vous gardiez la femme du jaloux ?
— « Sans doute , je la gardais et de près.
Ah ! celle-là ne me faisait pas promener
deux fois par jour. » — « Tenez, mère Rachel, lui dis-je, voilà une pièce d’or ;

cela se nomme une guinée ; je vous la donne, non pas pour vous rendre plus douce, ni vous séduire, ni obtenir la moindre chose de vous, c'est parce que vous m'avez appris que sir Clarens n'est pas mort... » Elle resta très - étonnée. « Oh ! comme il faut que vous l'aimiez, dit-elle en prenant ma guinée ! » Je la priai de me laisser seule. Elle rentra une heure après, en essuyant ses yeux. « Vous pleurez, Rachel ? » — « Sans doute, monsieur voulait me renvoyer en me payant fort bien. Mais ce n'est pas l'argent qui me touche le plus, c'est l'honneur de bien remplir ma place. Il croyait que je vous avais laissé parler à ce garçon jardinier ou en recevoir quelque lettre. Mais il a bien assez cherché dans votre portefeuille, pendant que l'on vous déshabillait, pour voir que cela n'est pas vrai. Je resterai, mais (avec un signe menaçant) pour vous garder de si près, que tous les jardiniers du monde ne m'inquiéteront pas.» L'on me servit à dîner dans ma chambre ; je m'assis tranquillement et je mangeai.

« Je

« Je suis donc prisonnière, Rachel ? »
— « Pas encore... mais quand cela serait,
on n'en meurt pas : je sais l'histoire d'un
prisonnier qui a vécu cent ans. » — « Ah !
ne me la contez pas ; il était bien malheureux de vivre si long - temps . .... »

Pendant la soirée, elle porta tout ce qui
était à mon usage dans un grand appartement, pratiqué dans une grosse tour, for-
mant un des angles du château. L'unique
fenêtre en était haute et grillée, les murs
épais; les doubles portes et les verroux
extérieurs m'avaient fait penser qu'il avait
servi à renfermer quelque malheureux.
Le soir, elle me dit d'y passer : je ne fis
ni réflexions, ni plaintes ; j'emportai tout
ce que j'avais de livres, de crayons, de
couleurs, de papiers. Que m'importait
d'habiter l'un ou l'autre appartement ? il
y avait si peu de différence entre mon
état et celui d'une prison absolue, que je
ne prévoyais aucune privation.

Mais qu'il me fut sensible, pour l'opinion des autres, d'être prisonnière ! J'é-
tais inconnue, étrangère, entourée des

II.^{de}. *Partie.*   **K**

seuls domestiques et des ouvriers qui étaient
dans le château ; ils devaient répandre dans
le canton la nouvelle de mon extraordinaire
situation. Et quelle opinion devais-je inspirer ? mon cœur était pur , j'étais estimable ; et n'importe quelle terre j'habi-
tasse , et de quels hommes je fusse entourée , leur estime était d'un prix réel pour
moi. « Peut - être , me disais - je , Darmance m'a - t - il arrachée pour toujours
de ma patrie , et fixée dans ce séjour de
douleur. Je ne verrai donc plus que des
figures sur lesquelles je lirai un injuste mépris. » Cette idée me déchirait le cœur : le
malheur me semblait supportable, quand
il n'était pas accompagné de l'avilissement.
A vingt ans , dans l'âge des plaisirs , je
n'avais encore connu que des chagrins dé-
vorans ; et quels étaient les crimes dont
on me punissait? J'avais déjà été prisonnière ; mais, grands dieux ! quelle différence ! j'étais fière de mes chaînes volontaires... Oh ! mon père! était - ce ainsi
que votre Séraphie devait être payée de
ce qu'elle avait fait pour vous ?...

(111)

Après quelques instans d'une forte irritation, je retrouvai un peu de tranquillité :
Rachel, en rentrant, me regarda avec une
espèce de surprise. —«Vous êtes bien triste,
disait-elle ; cela est juste ; mais pleurez donc,
me dit-elle en colère, cela soulage…. »
— « Je suis très-bien ici, Rachel : la seule
grâce que je demande, c'est de ne pas y
voir mon tyran. Laissez mon lait sur cette
table, je veux être seule : allumez mes
bougies, et retirez-vous. »

Le bruit des gros verroux qu'elle tira avec
force, me fit frissonner ; mais en peu de
jours j'y fus accoutumée. Je portai seulement mes regards autour de moi ; ma
prison était vaste et la voûte élevée ; les
murs étaient couverts d'antiques tapisse-
ries très-sombres ; mon lit, deux siéges,
une petite table, une très-grande, couverte de deux vieux tapis de drap brun
à bordures jaunes, composaient tout mon
ameublement. Au milieu de la tristesse
avec laquelle je me couchai, je me disais
avec une extrême satisfaction : « Mon ame
est innocente ; mes actions, mes intentions

le sont également ; le ciel est juste ; qu'il m'accorde du courage, j'attendrai un sort moins malheureux, sans plaintes et sans murmures. » Je m'endormis, en songeant que nous avions tous à éprouver, dans la vie, une portion de biens et de maux successifs. Quelle carrière heureuse il me reste à parcourir ! dis-je, si la proportion est égale.

Ma croisée était au levant ; le soleil, pénétrant, à travers mes barreaux de fer, frappa mes yeux et m'éveilla. J'en conçus un heureux présage. « C'est ainsi, me dis-je, que la bienfaisance pénétrera quelque jour dans cet asyle de douleur. » Je me levai, je m'habillai, je lus un chapitre de Sénèque, sur la résignation ; un de Zimmerman, sur la solitude ; un de Montaigne, sur les vicissitudes humaines : j'étais calmé, et fière de moi-même. Rachel me dit en arrivant : — « Eh bien ! la nuit a été mauvaise, agitée ? » — « Non, j'ai bien dormi ; ma tête est reposée : faites-moi servir mon déjeûner. Il y a peu loin d'ici, lui dis-je, un être qui n'a pas dormi aussi paisiblement ». — « Et pourquoi cela ? » — « Parce que le sommeil des oppresseurs ne doit pas être aussi calme que celui des opprimés. »

L'on arrangea mon appartement. Je demandai des fleurs. Le domestique qui avait aidé à Rachel, courut m'en chercher : « Vous en aurez tous les jours, me dit-il, en pleurant. » — « Qu'a donc cet imbécille, dit la vieille, en courroux ! il pleure ; il s'avise de parler : as-tu déjà oublié les ordres de monsieur ? » Je ne revis plus ce pauvre garçon ; un autre apportait tous les jours mon thé, et ne parlait jamais.

Restée seule, j'établis l'ordre et l'emploi de ma journée. Lire, écrire, dessiner étaient mes occupations chéries. Je pouvais m'y livrer : je devais cependant éviter la satiété que l'abus de chaque chose aurait produite ; je les rendis toujours attachantes, toujours nouvelles, par le soin de me priver à propos de l'une par l'autre. Ce fut dans ce moment, que je commençai le journal de ma vie et les dessins qui en rendaient les principaux événemens. Le

soin d'une toilette. simple , mais d'une
excessive propreté , les momens employés
à rêver , à faire une méridienne , à marcher, occupèrent mes jours ; l'ennui n'en
approcha jamais.

Rachel était très-bavarde ; je la faisais
souvent taire pendant les courts instans que
son service nécessitait sa présence. « Je rentre
plus tard qu'à l'ordinaire, me dit-elle un jour
(c'était le dixième de ma détention) ; c'est
que j'ai été à B. (petite ville , peu distante de ma résidence). » — « A pied,
Rachel ? » — « Oh! non : Monsieur m'a fait
conduire en voiture. » — « Vous aviez des
emplettes à faire ? » — « Des emplettes : oui,
et aussi des affaires. Ah! bon Dieu ! quel
tapage ! c'est un bruit ! un train ! je voulais m'informer de quelque chose ; mais,
bah ! est-ce que l'on prend garde au départ
d'un homme, quand il y en a cinq cents
qui s'entrefont soldats, officiers, colonels ;
ils ont des habits bleus, des figures de
seigneurs. Oh ! dame, ils n'en veulent plus
de seigneurs ; c'est une belle chose que la
liberté ! Nous voilà tous égaux ; c'est une

justice que le bon Dieu avait décidée ;
mais ça n'avait pas convenu aux méchans,
ni à votre jardinier l'anglais : car il est
parti, il y a deux jours, dans une belle
voiture ; il a payé tout en or. A l'auberge,
ils disent qu'il est bien poli, bien doux,
bien généreux. Oh ! comme la langue me
brûlait d'envie de leur dire que ce n'est
qu'un garnement, un espion ; mais monsieur m'avait défendu de parler, et j'ai
une peur de ses colères !... Tenez, il ne
faut pas vous y fier : car il tuerait une
personne comme une mouche. Ah ! que
c'est une drôle de chose que ce bas monde !
Vous êtes prisonnière, tort z'ou raison, vous
l'êtes enfin. Eh ! bien, vous v'là comme
une estatue, sans pleurer, sans parler, sans
vous mettre en colère ; et monsieur, z'on
ne peut pas douter que celui-là est maître :
il jure, il marche, il parle seul ; il a là,
dans le cœur, quelque chose qui le tour-
mente bien fort ; ne le croyez-vous pas,
comme moi, mistriss ? »—«Oui. »—« Mais,
voyez, dit-elle, croyant que je ne l'écou-
tais plus, si ce n'est pas une véritable esta-

tue : *oui* seulement , *oui* , à moi qui lui parle depuis une demi-heure ; ce sont ces livres qui lui gâtent comme ça l'esprit. Ah ! bon Dieu ! bon Dieu ! cette femme-là me fait bien gagner l'argent que l'on me donne ! *oui* , un *oui* , qu'il faut arracher. » Et elle gromelait encore, au bas de l'escalier.

Je n'avais rien compris au commencement de son discours : des hommes qui s'entrefont soldats et colonels ; qui ne veulent plus de seigneurs..... je me perdais dans mes conjectures. Je l'aurais crue folle , si je n'avais très-bien entendu les détails du départ de sir Édouard , dont je remerciai le ciel , et ceux des tourmens de mon époux, qui me parurent une juste punition de ses fautes.

« Je suis certaine , me dit un jour Rachel , que si vous vouliez me charger de quelques paroles de paix pour votre époux, il les recevrait. » — « Rachel , lui dis-je , si vous prononcez son nom ici , vous n'y rentrerez plus ; je me servirai seule. »

J'étais certaine que cette proposition ne

venait pas de la vieille ; je l'étais aussi, que
Darmance était plus à plaindre que moi.
Un caractère à la fois fougueux et taciturne, avait causé tous ses maux et les
miens ; ses soupçons, ses offenses, son
duel avec sir George, mon enlèvement
d'Angleterre et ma prison, avaient élevé
entre nous une barrière insurmontable ;
l'honneur même me prescrivait la conduite
sévère que je devais tenir envers lui. On
ne renouvela point la proposition des paroles de paix.

Un jour, je marchais dans ma prison
pour exciter mon appétit, que le défaut
d'air et d'exercice m'ôtait absolument. Je
fis un faux pas, et fus prête à tomber ;
j'étais à l'un des bouts de la chambre ; je
tendis le bras droit en avant, et j'arrêtai ma
chûte en appuyant la main contre le mur.
Il me sembla y avoir senti quelque mouvement : j'arrachai quelques clouds qui
attachaient la vieille tapisserie qui le couvrait ; je la soulevai avec le bâton qui
servait à fermer ma haute croisée ; je son-
dai le mur avec mon couteau et le fer à

rouler mes cheveux ; je jugeai qu'il y avait
un vuide : plusieurs places où le plâtre
était couvert de rouille, fixèrent mon attention ; je le fis tomber ; il cachait les gonds
d'une petite porte, recouverte en maçon-
nerie. J'enlevai soigneusement tout ce qui
aurait décélé mon travail ; j'en cachai les
débris sous un gros tas de cendres qui était
dans l'énorme cheminée de ma prison, et
le lendemain je recommençai mes recherches. A force de peines, je parvins à faire
tourner la petite porte sur ses gonds, et
je découvris un petit cabinet, de quatre
pieds de largeur, sur trois de hauteur. Il y
avait au milieu un grand vase de terre :
» Ce sont peut-être, me dis-je, les cendres
de quelque malheureux qui m'a précédé
dans cette triste demeure : l'on a caché sa
mort en lui donnant ce tombeau. Je retirai ma bougie et ma main tremblante.
Après un peu de repos, je levai le cou-
vercle du vase ; je vis d'abord une boîte
de fer blanc ; il me fallut un nouveau travail pour l'ouvrir : elle contenait plusieurs
petits paquets de diamans et de pierres de

(119)

différentes couleurs. Il y avait sur les paquets le billet suivant : « L'an 1589, je
renfermai ici ce trésor, fruit de mes longs
et périlleux travaux ; je le cachai dans ce
mur épais, pour le soustraire à l'avidité
du fils indigne de mon ami, que j'en voulais faire héritier, n'ayant ni enfans, ni
neveux. Si je ne puis échapper au poison
lent, que son ingratitude a fait couler dans
mes veines ; je donne ce trésor à qui le
trouvera. »

Au château de. . . . en Dauphiné . . .
le 1er. janvier 1589.
Le Baron de ***

Ah ! malheureux vieillard ! m'écriai-je,
comme si j'eusse vu ce respectable infortuné, mort depuis plus de 200 ans, lutter
contre l'ingratitude et le poison. Cette image
me serra le cœur ; je fus plusieurs jours
sans revoir mon trésor. Tout le vase dans
lequel j'avais trouvé la petite boîte, était
rempli de rouleaux, contenant chacun cinquante pièces d'or d'Espagne, de la valeur
d'un double louis au moins ; dans le reste

du cabinet, il y avait un grand nombre de sacs de peau, contenant des pièces d'argent.

Cette immense possession ne me fit pas un grand plaisir : les richesses ne sont rien sans le bonheur ou la faculté de les employer pour augmenter celui des autres. Je remis tout en ordre, et je réfléchis cependant avec plaisir aux ressources que me fournirait cette possession, si mes jours étaient en péril, et que quelqu'ange protecteur pût m'arracher de ma captivité, et me porter avec mon trésor sur quelque terre étrangère et inconnue.

Un mois à-peu-près se passa sans le moindre changement dans ma situation. Un matin, j'entendis Rachel parler dans l'escalier, et tout-à-coup je vis paraître Darmance ; cette subite apparution me causa, malgré moi, un trouble qu'il me fut impossible de dissimuler : « Mistriss, me dit-il, avec un ton qu'il s'efforça vainement de rendre imposant, mais à travers lequel perçait une agitation extrême, j'avais pensé que vos réflexions vous engageraient à solliciter l'oubli de vos fautes ; leur pardon fut toujours

jours dans mon cœur : mais votre aversion pour moi, et votre étonnante tendresse pour sir George , vous font préférer une prison honteuse à la société de votre époux. » — « Je n'ai mérité, repondis-je (avec assez d'empire sur moi pour cacher ma juste indignation), ni vos offensans reproches , ni vos barbares traitemens : soumise par une force injuste, je passais ma vie à gémir paisiblement sur mes malheurs, et j'espérais que vous ne viendriez point insulter à ma misère. » — « Ce ton de fierté, Mistriss, convient mal à celle qui projetait une fuite clandestine. » — « Moi ! grands dieux ! … une fuite clandestine ! … ah ! cette horrible calomnie serait au-dessus de mon courage, si la véritable supériorité n'était attachée à la vertu. Au nom du ciel, ne méritez pas, par de nouveaux crimes, cette aversion dont vous parlez ; mon cœur n'aurait plus la force de s'en défendre. » Je laissai tomber ma tête dans mes mains, et je fermai les yeux pour m'ôter la vue de la fureur qui éclatait sur la figure de Darmance. Il marchait à grands

II^{de}. *Partie.*   L pas : il s'arrêta, et j'entendis sortir de sa poitrine les sons d'une colère concentrée. Je le vis alors, les mains tremblantes et le regard farouche, feuilleter les dessins qui étaient sur ma table ; il en prit un, le regarda en prononçant d'affreux juremens ; il le mit en pièces : c'était celui qui rendait l'instant où, après m'avoir vainement cherchée, sir George me trouvait dans la prison de......., soutenant mon père ; à peine convalescent de la blessure que lui avaient faite les assassins de milady Alfred... « Femme infidelle ! s'écria Darmance, avec une épouvantable fureur, tes vœux, ton cœur, tes pensées, tes loisirs, tout ton être appartiennent donc à ce sir George, que j'abhorre, que je déteste?... » Dans son affreux égarement, il osa lever sur moi un bras terrible !......, il osa me frapper ! Saisie d'effroi, je ne fis aucun mouvement pour me défendre..... Deux fois je sentis la pesanteur de ses coups...; « Oh ! mon père ! oh ! vertueux Stolfe ! m'écriai-je douloureusement, était-ce-là le sort que vous me destiniez ? »... Le ton

pénétré avec lequel j'invoquais ces ombres
sacrées , le fit frémir : je le vis chanceler ;
je vis ses cheveux se dresser sur sa tête ;
je vis son bras, encore levé sur moi, rester
suspendu... « Frappez donc, cruel ; por-
tez des coups plus sûrs , dis-je , en décou-
vrant ma poitrine avec le désespoir le plus
profond ; frappez donc ; frappez-là ! quand
la vie est affreuse , la mort est le plus doux
des biens.... » Mon action véhémente , et
la honte attachée à la sienne, suspendit sa
colère... Il fut tomber , en chancelant ,
sur un siége éloigné.... « Malheureux, »
s'écria-t-il. — « Jetez les yeux , lui dis-
je , sur ces autres dessins , dont la réunion
doit renfermer quelques événemens de ma
vie : voyez, dans un, Darmance sauvant
la vie à mon père ; dans un autre, Darmance arrêtant , avec le sang qui sortait
de sa blessure , la mort déjà errante sur
ses lèvres ; dans un autre encore, votre
généreux père nous rendant la liberté ! ...
Quelle liberté ! ah ! que ne suis-je encore
dans ma première prison ! l'estime et l'amitié y soutenaient mon courage ! »

Mes larmes, glacées jusqu'alors, s'échappèrent avec amertume..... Ma douleur ... ma situation...... ses remords peut-être, l'attendrirent : « Femme enchanteresse et cruelle, me dit-il, avec un frémissement universel..., parle...., ordonne..., vois ton tyran et ton esclave à tes pieds... (Il y tomba effectivement, et les couvrit de baisers et de larmes.) Que veux - tu ? ... qu'exiges tu ?... » — « Votre estime ou la mort; j'ai tout fait pour mériter l'une; et vous, beaucoup plus qu'il ne faut pour me faire désirer l'autre.» Je lui tendis la main; Il s'assit. « Sans vouloir vous rappeler l'aveu de votre tendresse pour sir George, me dit-il, que dois-je penser, mistriss, du séjour de sir Clarens chez moi, déguisé, et connu de vous seule ? » — « Qu'il est des amis dont les alarmes et l'amitié veillent sur mes jours. Sir Clarens venait m'offrir les secours de mylord, son oncle, et ses soins pour obtenir des lois une séparation, dont la sureté de mes jours paraissait dépendre : hélas ! ils ne se trompent pas ! ils désiraient que je me retirasse à l'abbaye de

Beaurepaire, peu distante d'ici. J'ai refusé
leurs offres ; j'ai repoussé leur pitié, que
vous venez de me forcer si cruellement de
regretter. Sir Clarens, cet ami si généreux,
allait partir, lorsqu'un accident a découvert son séjour ici, et m'a causé la honte
d'être traitée comme la plus vile des femmes » — « Dans quel instant, mistriss,
entretîntes-vous cet ami si généreux ? » dit-
il, en fronçant le sourcil » — « Je ne lui
parlai point ; mais une lettre qu'il jeta à
mes pieds, m'instruisit de ses projets. »
— « Dans lesquels vous étiez encouragée
par sir George : car, sans doute, il était avec
son ami ? » — « Non, lui dis-je, avec un
regard indigné : si la délicatesse n'eût arrêté
son zèle, vos coups l'auraient retenu d'une
manière certaine ; sir George à peine convalescent de ses blessures..... » — « Ma sureur, je
le sais, trompa mon adresse et mes vœux ! »
Je fis un mouvement d'horreur. — « Oui,
mes vœux mistriss... » — « Hélas ! plus juste,
tous les miens sont pour son repos... »
— « Ajoutez : et pour son bonheur, perfide
mistriss ! Je le vois, continua-t-il, en re-

prenant sa première fureur , cet azyle convient encore à votre romanesque imagination : restez-y ; donnez un libre cours à
vos regrets , à vos vœux , à vos talens ;
nourrissez votre coupable flamme ; que sir
George occupe toutes vos pensées : je ne
les troublerai plus. » Il sortit , et ma prison retentit du bruit épouvantable qu'il fit
en fermant les portes , et tirant tous les
verroux avec fureur.

Je restai quelque temps accablée : soit
que cette scène affreuse eût affaibli mes
forces et mon esprit , je fus plusieurs
jours sans retrouver le moindre courage ;
toutes mes réflexions étaient amères , et
mes larmes ne cessaient plus de couler. Je
fus prise d'une fièvre brûlante , et je crus
approcher de la fin de ma naissante existence. « Ah ! me disais-je , avec ce senti-
timent de regret que donne la nature,
amitié ! bienfaisance ! amour ! dons sacrés
du ciel, je ne fus donc pas créée pour jouir
de vos doux plaisirs ! » Rachel me proposa des remèdes indiqués , à ce qu'il me
parut, par un médecin ; je les refusai tous ;

je ne fis usage que d'eau pure : je passai
plusieurs jours dans cet état. Ma vieille
m'aimait malgré elle ; plusieurs fois je
l'avais vue touchée de ma situation ; ses
soins étaient empressés : il me sembla, plus
d'une fois, entendre Darmance dans mon
appartement. Quand j'avais ce soupçon, je
fermais les yeux ; je redoutais moins la
mort que sa présence.

J'étais levée pour la seconde fois, et
Rachel en paraissait ravie : elle avait
gardé un silence absolu plusieurs jours ;
sa pitié m'avait fait oublier ses procédés
souvent fort durs. Je lui fis une question ;
elle parut si reconnaissante de la permission
que je lui donnais de parler, que, s'approchant de moi avec un air de mystère : « Je
veux, dit - elle, vous conter une chose
bien singulière, qui est arrivée ce matin.
« Imaginez, mistriss, qu'il est venu un
jeune marchand colporteur, oh, oui, tout
jeune ; ça n'a pas plus de 16 ans : il avait
des marchandises de toute espèce et une
loterie. Il est entré au château précisé-
ment à l'instant où monsieur venait de

sortir à cheval. Malgré la défense de jamais laisser entrer un seul être vivant ici,
la loterie nous a tentés, et puis, ce petit marchand était si poli, si engageant,
et nous avons si peu de plaisirs, et tant
de mauvaises humeurs à supporter, qu'à
tout risque nous l'avons fait asseoir et déjeûner avec nous. Il m'a fait tirer la première à sa loterie : ne voilà-t-il pas qu'au
second coup, j'ai eu cette tabatière de fine
écaille à gorge d'argent, qui vaut une pis-
tole ; Mathurine, une petite croix d'or ;
le cuisinier, un beau couteau ; le laquais
de monsieur, un miroir ; le jardinier, des
boucles qui ont l'air d'être d'argent ; et le
cocher, une belle bourse de soie tricotée !
Ce pauvre jeune homme était bien triste,
et c'est naturel ; car nous n'avons tiré
chacun que deux ou trois fois, à six sous
chacune ; mais un bon verre de vin l'a
régayé. Il nous a conté qu'il était de bien
loin, du pays du pape, à ce qu'il dit,
et que c'est à cause de cela qu'il ne parle
pas notre langue rondement comme moi.
Oh ! mon dieu, les belles histoires qu'il

nous a contées ! ça ne nous a-t-il pas fait
oublier le temps ! Nous avons entendu
rentrer monsieur ; ce pauvre jeune homme,
auquel nous avions dit qu'il n'était pas trop
bon, en est devenu tout tremblant, et
nous a priés de le cacher : je l'ai fait
monter dans la chambre de mistriss, par
le petit-escalier, dont moi seule ai la clef.
Je comptais le faire sortir pendant le dîner ; mais il a fait une pluie affreuse : il
m'a tant priée de ne pas l'exposer à gâter
ses marchandises, que j'ai consenti à le
garder jusques-à demain de bon matin,
qu'il ira retrouver son père dans la ville
voisine.... » — « Ce pauvre jeune homme !
dis-je, et où allez-vous le faire coucher ? »
— « Sur une chaise longue, dans le cabinet de
mistriss. Il y a dormi toute l'après - dî-
née. Nous avons bien causé, pourtant. Il
sait aussi dire la bonne aventure ; mais
c'est un secret, ça ! Ah ! il m'a dit des
choses qu'il n'a pu voir que dans ma
main ; par exemple, que cette main servait une prisonnière. » —

Je soupçonnai quelque mystère. « Ah !

Rachel! si j'étais libre de faire dire ma
bonne aventure, et de tirer à la loterie,
que j'aurais de plaisir! Mais il n'est pas
fait pour moi : je parlerais aussi italien
avec ce jeune homme, qui est du pays du
pape. Tenez, Rachel, dis-je en soupirant,
vous avez une figure heureuse; voilà trois
livres; allez tirer pour vous et pour moi,
et demandez à ce jeune homme si en
voyant le dessin d'une main , il pourrait
dire dessus la bonne aventure. » Je n'avais
pas jusques alors assez compté sur l'empire de la flatterie et de l'avarice. Rachel, ravie et de mon compliment et de
pouvoir tirer dix fois à la loterie sans
qu'elle risquât autre chose que mon argent, me dit, avec un air touché et im-
portant : — « Mistriss, vous allez voir que
je ne suis point ingrate ; au risque de me
faire tuer , je vais vous conduire ici le
petit marchand ; car votre dessin , vous
devez bien croire, ne pourrait lui servir
à rien. »

Elle sortit et revint six minutes après,
conduisant par la main.... qui? Paggy...

ma chère, ma fidelle Paggy... Quel effort
il nous fallut faire, pour cacher notre joie
réciproque. L'altération de mes traits ,
mes verroux , ma prison firent sur cette
tendre amie une impression qui pensa
la trahir. Elle étala vite sa jolie bou-
tique : Rachel , les yeux fixés sur une
croix d'or , ne vit point les larmes qui
nous échappaient. Je tirai plusieurs fois ,
et je n'eus rien. « Tirez , Rachel , à ma
place. » Elle tira la croix d'or que je lui
donnai. Jamais délire de joie ne fut plus
vif. Alors je parlai à Paggy la langue
qui nous était familière. Rachel fut à l'of-
fice chercher à souper au petit marchand.
Avec quelle tendresse je serrai Paggy dans
mes bras ! j'éprouvai dans ce moment
d'attendrissement un bonheur qui pouvait
racheter des années de souffrances. « Quelle
imprudence! ne cessais-je de lui dire ! »
— « Dût-elle me coûter la vie , ma chère
maîtresse, je ne la regretterais pas , ni ce
pauvre Williams, qui est comme moi depuis quinze jours à chercher les moyens
de parvenir jusques à vous. » Rachel ren-

tra; mais bientôt, ennuyée de nous entendre parler une langue étrangère, elle
s'endormit profondément. Alors Paggy,
dont la balle d'osier était double, en
sortit un habit complet, pareil à celui
qu'elle portait. — « Cet autre paquet,
dit-elle, contient un chapeau et des sou-
liers d'hommes, ainsi que les lettres de
vos amis, et cinquante louis qui pourraient vous être utiles; vous renfermerez
pendant la nuit un jupon, ou quelque
chose qui puisse donner une grosseur pareille à celle qu'il a; au paquet vous
joindrez une réponse à sir Édouard et à
sir George qui sont à Lyon. Demain matin, je m'apercevrai l'avoir laissé, et la
vieille viendra le chercher. Je vais, ajouta-t-elle, feindre d'être blessé au pied, pour
avoir le prétexte de rester quelques jours
dans le village voisin, en attendant qu'il
plaise au ciel de vous procurer l'occasion de
vous échapper. Williams et moi vous conduirons au couvent ici près. J'espère que ma
chère maîtresse ne refusera pas à ses amis
la consolation de savoir ses jours en sûreté. »

J'assurai

(133)

J'assurai Paggy que le traitement barbare que m'avait fait éprouver Dármance
m'en faisait sentir la nécessité ; mais que
j'exigerais que sir George retournât en
Angleterre , ne voulant jamais donner
contre moi l'apparence d'un tort véritable.
— « Tel parti que vous preniez , me dit
cette excellente fille , le mien est irrévocable : vivre et mourir avec vous , voilà
mon sort et celui du bon Williams. » Je la
prévins que je remplirais son paquet d'autant de mes rouleaux d'or dont je lui avais
parlé , qu'elle en pourrait porter. Après
mille tendres assurances d'une éternelle
amitié, nous réveillâmes Rachel , qui conduisit le colporteur et sa loterie dans mon
cabinet , et qui, comme elle en avait ou
l'ordre ou l'habitude , depuis que j'étais
malade, ne ferma point mes verroux.

Dès que je fus seule , j'ouvris avec empressement le paquet contenant les lettres
de mes amis. La première était de mylord de Clarens ; c'était les fortes et tendres sollicitations d'un ami , dont l'âge
et l'expérience éclairent la raison : il me

II^{de}. *Partie.* M

parlait en père ; il voulait que je me
réfugiasse à l'abbaye de Beaurepaire ; il
m'envoyait des lettres de l'amb ssadeur
de France, pour l'abbesse qui , avec cette
autorité, refuserait de me rendre à Darmance, malgré les réclamations qu'il ne
manquerait pas de faire : « Alors , disait
mylord , je volerai à votre secours, et
les lois protégeront une séparation qui ,
faite dans un pays étranger, n'aura pas l'é-
clat qui pourrait blesser votre délicatesse. »
La lettre de sir Clarens était remplie
d'amitié et d'alarmes : il jurait de ne pas
s'éloigner du pays que j'habitais. — « Et
moi, continuait sir George, j'obéirai aveu-
glément à vos ordres ; je mettrai entre
vous et moi la distance que vous exige-
rez ; mais ce ne sera , mistriss , que lorsque je ne tremblerai plus pour vos jours.
Jusques à cet instant, je veillerai sur vous;
je vous demanderai, au nom de tout ce
qui vous est cher, d'échapper aux fureurs
d'un barbare, et je tenterai tout pour vous
arracher aux périls qui vous menacent ; ils
sont extrêmes, chère Séraphie, dans un

pays couvert de désordres et d'impuni-
tés.... » Que de choses touchantes contenait cette lettre chérie!

Je répondis à mes amis tout ce que la
reconnaissance, la tendresse et le malheur
peuvent inspirer. Les tendres sentimens
dont j'étais pénétrée me faisaient sentir
tout le prix de leur précieuse amitié; je
promettais à mylord de tenter tous les
moyens d'échapper à mon persécuteur, en
refusant cependant le divorce dont il me
parlait. Je conjurais sir Edouard et sir
George de ne pas m'exposer, en approchant de ma prison, aux soupçons d'une
coupable intelligence, et même à une
mort certaine; je leur promettais de fuir,
mais de me dérober, s'il m'était possible,
à tous les yeux. « Le ciel, leur disais-je,
m'accorde le courage qu'il doit aux malheureux qui n'ont pas mérité leur sort ».

Je renfermai mes lettres dans le paquet
que je substituai à l'habit que Paggy m'a-
vait apporté; j'y ajoutai vingt-cinq des
rouleaux d'or de mon trésor, n'osant en
mettre davantage, à cause de leur poids

considérable ; je cachai mon habit ; je brûlai les lettres de mes amis et je me couchai.

A la pointe du jour, Rachel entra en grondant. — « Voyez, dit-elle, cet étourdi qui a laissé ici un paquet tout rempli de couteaux et de ciseaux. Bon dieu! comme il est pesant! Pauvre enfant : c'est écraser une jeunesse que lui laisser porter cela par-dessus sa balle. » Je feignis de m'éveiller ; je grondai. — « Rachel, lui dis-je, s'il avait des crayons, j'en aurais besoin ; dites-le lui. » — « Mistriss, me dit-elle, il a mal au pied ; il va rester dans le village à attendre son père. Demain, monsieur doit, dans la soirée, aller voir un terrain qu'on lui dispute, avec des gens d'affaires ; je vais lui dire de venir avec sa loterie aussi, n'est-ce pas ? » Il revint effectivement, le charmant colporteur : j'écartai un moment Rachel, et je le chargeai encore d'autant de rouleaux qu'il en put porter. Il ne resta qu'un instant : la vieille était très-alarmée sur le retour de son maître. J'eus cependant le temps

de convenir avec Paggy que je tenterais
de m'échapper les jours suivans ; qu'elle
restât au village avec Williams. Mes forces
s'étaient ranimées avec l'espérance.

Deux jours après cette seconde entrevue,
j'entendis dans la maison un bruit plus
considérable qu'à l'ordinaire : il me sembla qu'il venait du côté de la campagne.
Aux cris bruyans, au son du tambour,
je pensai que c'était quelque régiment en
marche : mais Rachel entra avec l'air de
l'effroi. — « Mistriss, me dit-elle, on assure que le pays est couvert de brigands
(août 1789) ; ils pillent et brûlent les
châteaux. Ce n'est pas un conte : si nous
pouvions rouler votre grande table contre
la croisée, vous en verriez d'ici un ou
deux tout en flammes. » Je montai sur ma
table, et je vis effectivement un feu considérable.

Il est des situations où les choses les
plus effrayantes le deviennent peu. Je
demandai froidement à Rachel quelle était
l'opinion de son maître ? —« Mais vraiment,
mistriss, il est fort embarrassé : sans armes,

avec cinq ou six valets, déjà mourans de peur, il ne sait quel parti prendre. Il ne s'est pas couché la nuit dernière : il marche ; interroge, se fâche, parce que l'un contredit ce que l'autre affirme. On dit que les brigands brûlent les titres et boivent le vin , dans beaucoup d'endroits ; dans quelques autres, ils brûlent les châteaux. Comme monsieur est étranger, ils ne lui voudront pas tant de mal ; il donnera ses papiers, s'ils viennent. Il vous prie, mistriss, de vous habiller comme si vous deviez aller en voyage ; car l'on ne sait ce qui peut arriver. J'ai été au village ce matin, pour savoir les nouvelles. Ce pauvre petit colporteur y est toujours ; il a mal au pied : son père est avec lui ; ça a l'air d'un bien bon-homme. Son fils m'a dit qu'il attendait deux camarades, avec de belles marchandises qu'ils apportent de Lyon. Mais, est-ce que l'on pense à faire des achats quand les brigands sont à une lieue ? » Je jugeai que les deux camarades étaient sir Edouard et sir George. Je fus enchantée qu'ils vinssent au secours de

Paggy, dont la position m'alarmait beaucoup. Rachel sortit et rentra dix fois sans fermer la porte.

Je m'attendais à voir paraître Darmance. Il vint me confirmer ce que Rachel m'avait dit. Il me trouva en peignoir, les cheveux épars, dessinant paisiblement. — « Mistriss, me dit-il avec un air étonné de ma tranquillité, l'on nous menace : peut-être exagère-t-on le mal : il vaut mieux encore rester ici, que de s'exposer au risque de tomber dans les mains des brigands. Il faudrait cependant être plus préparée que vous ne paraissez l'être, à partir, si cela devient nécessaire. J'ai envoyé, continua-t-il, à la découverte de divers côtés. » — « Je parie, dit Rachel, que l'on n'a pas retourné au village. » — « A cinq cents pas, dit Darmance, que sait-on de plus qu'ici ? » — « Eh ! mais, continua la vieille, le village n'est-il pas au milieu de trois routes différentes ? à chaque instant l'on a des nouvelles. Allons, j'y vais, moi ; dans trois quarts-d'heure je serai de retour. »

« Rachel, dis-je, apportez-moi des jarretières. (Dans ce moment, Darmance entendant rentrer un de ses gens, descendit). Si le petit colporteur en a, dites-lui que je les veux blanches, fines, à boucles, brodées ou piquées ».—«Est-ce que troublée comme me voilà, dit la vieille en colère, je puis retenir toute cette kirielle? Ecrivez cela sur un chiffon de papier. » J'écrivis en anglais : « *A minuit, au bout de l'avénue, si les brigands ne sont pas de ce côté.* » Rachel partit, et Darmance, au même instant, revint m'assurer que les brigands avaient pris une route opposée à celle du château. Il m'engagea à descendre au jardin. « Je ne veux devoir ma liberté, répondis-je froidement, qu'à votre confiance ou à ma volonté, et non à des événemens étrangers à nos sentimens. » Il se retira sans répondre. Rachel tarda peu à revenir. — « Ah! je respire, enfin; ils sont à plus de six lieues ces méchans garnemens . . . Tenez, mistriss, voilà des jarretières : le prix est marqué sur l'étiquette ; quarante-huit

sous. » — « Oui , dis - je , cela est juste.
Je lus : « *A minuit, au bout de l'avenue.* »
La vieille me fit un long sermon sur le
refus que j'avais fait de descendre. —« Monsieur est triste, dit-elle, humilié, car il
ne jure plus. Depuis huit jours, il meurt
d'envie de bien vivre avec vous : ne vous
êtes - vous pas aperçue que vos portes
sont toujours ouvertes ? Et vous pensez
bien que c'est par son ordre. »

Tout le monde se coucha de bonne heure,
parce que l'on avait passé en alarmes la
nuit précédente. Oh ! combien le premier
instant de ce calme absolu me fit battre le
cœur ! j'étais pénétrée de crainte et de
tristesse . . . La hardiesse de mon action
me faisait trembler... Dieux ! dis - je en
me jetant à genoux, vous lisez dans mon
cœur; daignez protéger son innocence ! Je
réunis tout ce que j'avais de courage et de
force ; je m'habillai de l'habit de colporteur que Paggy m'avait laissé ; j'avais
cousu dedans tous mes diamans et mes
pierres de couleur ; je me chargeai d'autant d'or que j'en pus porter ; je descen-

dis l'escalier de ma prison en tremblant
comme la feuille; au bas était une petite
cour murée servant aux cuisines; la porte
n'était fermée, je le savais, que par un
crochet de fer; je l'ouvris; je me trouvai
dans l'avenue au bout de cent pas, et aussitôt dans les bras de Paggy et du bon
Williams. Ils couvraient mes mains de
larmes : je fis cesser cette délicieuse ivresse,
pour ne pas perdre même, dans des transports aussi doux, un seul moment. — « Mistriss, me dit Williams, j'ai arrêté une
voiture qui devait retourner à vide à Grenoble; nous pouvons y être rendus en six
ou huit heures. Je pense que vous serez
plus en sûreté dans quelque couvent d'une
grande ville, que dans l'abbaye prochaine,
menacée par les brigands. D'ailleurs, votre
époux ne manquera pas de vous y chercher. Si vous voulez sortir de France,
nous ne serons plus qu'à une demi-journée
de la Savoie, et à deux journées de la
Suisse. Le voiturier que j'ai bien payé
d'avance, m'a bien instruit; ses chevaux
sont bien bons, bien rafraîchis; ils sont

attelés par-tout. « Effectivement, je trouvai la voiture toute prête. Les réflexions de Williams me parurent d'autant plus sages, qu'elles s'arrangeaient avec le projet que j'avais de rester cachée à tous mes amis même. Nous partîmes, et sûrement nous étions arrivés à Grenoble avant que l'on se fût aperçu de mon évasion. Nous louâmes une voiture, et à midi la poste nous avait conduits à Chambéry. J'étais trop près encore; malgré mon extrême fatigue, je voulus partir à l'instant pour Genève, où nous arrivâmes le lendemain de très-grand matin. La foule des émigrans français avait rempli toutes les auberges, un menuisier nous offrit un appartement garni, composé de trois pièces; je l'arrêtai : je me couchai, ainsi que mes compagnons, et nous dormîmes douze heures sans nous éveiller. En me levant, la vue du Lac et du pays de Vaud, m'enchantèrent. « Je veux y aller, dis - je tout bas, et je veux y rester. Je pourrai y être mille fois mieux cachée que dans un couvent français. »

J'avais , en passant à Grenoble , écrit à sir Edouard , que Paggy croyait devoir être arrivé le jour où nous avions fui , dans la petite ville voisine de ma prison ; je lui adressai aussi une lettre à Lyon. Je le suppliai de quitter , non-seulement le canton où son amitié l'avait fait venir me secourir , mais encore la France. J'implorais leur délicatesse pour ne pas m'exposer , par leurs recherches , à des soupçons offensans. « Je resterai cachée , leur disais-je , dans une retraite , inconnue même à votre amitié : celle de Paggy et de Williams veillera sur moi , et me consolera des agitations que je viens d'éprouver , sans me faire connaître ni le remords , ni la crainte : partez , répétais - je encore , soyez sans alarmes sur mes besoins. Le hazard m'a procuré des richesses , avec lesquelles je puis passer quelques années dans l'abondance. A la fin de celle - ci , je donnerai de mes nouvelles à mylord Clarens. »

Williams et Paggy me donnèrent leur parole de ne révéler à personne le secret

de

de ma retraite, et de rester près de moi, n'importe où je voudrais vivre. Secondés par notre honnête menuisier et sa femme, ils me procurèrent toutes les choses dont nous avions besoin pour nous habiller. Ils ne doutèrent point que nous ne fussions de malheureux émigrans français, que la nécessité avait forcés de fuir déguisés. Je changeai deux cents de mes pièces d'or, dont je tirai dix mille livres; et trois de mes diamans, dont on me donna davantage. Avec cette somme, je ne pensai plus qu'à chercher une retraite agréable et ignorée. Pour cela, il fallait qu'elle ne fût point dans une ville; toutes étaient remplies d'étrangers: sir George et sir Edouard ne manqueraient pas de nous chercher. Il fallait habiter la campagne, pour n'être pas découvert. Nous traversâmes tout le pays de Vaud, rempli de Français, dont beaucoup n'avaient pas le ton et la décence que doivent porter chez les étrangers, les fugitifs d'un peuple malheureux. Nous voyagions par des voitures publiques, louées souvent pour la journée seulement; précaution qui

II^{de}. *Partie.*   N

devait ôter les moyens de nous suivre. Je fus enchantée des environs de Zurich. Je m'arrêtai dans un village dont la situation était délicieuse. L'on m'indiqua deux maisons qui étaient à louer : l'une était beaucoup trop grande ; l'autre était telle que je la désirais ; elle dominait tout le lac de Zurich : elle était isolée. La maison, composée de trois pièces à chacun des deux étages, était proprement meublée ; elle était, d'un côté, sur un beau jardin potager, garni d'espaliers bien soignés ; une belle treille formait un couvert charmant ; des eaux limpides couraient, dans plusieurs petits canaux découverts, par tout le jardin, au-dessous duquel était une jolie prairie, coupée çà et là par quelques bouquets d'arbres, et descendant en douce pente jusqu'au lac. A l'un des côtés de la maison, était le logement d'un jardinier, un cellier, une laiterie, et tout ce qui est nécessaire à une basse-cour. De l'autre côté, un joli parterre, sur lequel je fis bâtir, dès en arrivant, un pavillon dont le dessous était un sallon, et le dessus, tenant à ma chambre, un cabinet d'étude. Derrière la maison était un verger charmant, surmonté d'un petit bois en côteau, dont la vue et l'ombrage étaient également délicieux : le tout me fut loué 600 livres. Je fis acheter une vache, des volailles de toute espèce, deux agneaux et leurs mères. Je pris une cuisinière, et un jeune homme, à la fois bon jardinier et bon domestique ; je distribuai l'emploi de chacun ; et, huit jours après notre arrivée, nous avions tous l'air d'être nés dans ce paisible et délicieux canton.

Il était protestant. Le ministre, homme de quarante - cinq ans, avait des mœurs régulières, était autant aimé que respecté ; il vivait avec sa mère et un frère, plus jeune que lui : il me présenta sa famille, et aussi celle du propriétaire de ma maison. On le nommait M. Félix ; il était riche ; il parlait parfaitement français. Sa femme et ses enfans avaient la même simplicité que les autres habitans du village. Je fus enchantée de mes nouvelles connaissances : c'était les seules que je désirasse faire. La

longue habitude que j'avais d'une vie solitaire, et ma situation, m'avaient absolument décidée à me séparer du monde,
où, pendant trois années j'avais éprouvé
de si vifs et si profonds chagrins. C'était
sans efforts que je rompais les liens qui
devaient m'attacher à la société de mes
égaux. Sir George, sir Edouard et son
oncle, élevaient souvent dans mon cœur
de sensibles regrets ; mais, en fuyant mon
époux, et n'ayant que des parens pres-
qu'inconnus, je ne devais conserver de
liaisons avec personne : je le jugeai ainsi ;
et, quand la raison et la délicatesse com-
mandent, un cœur honnête doit obéir.

M. Félix faisait valoir des terres assez
considérables, lui appartenant et à un frère,
négociant, qu'il avait à Zurich : il allait
souvent dans cette ville et dans beaucoup
d'autres, où les affaires d'un commerce
de toile, fort étendu, l'appelaient. Je fus
à Zurich avec lui : je m'arrangeai avec
un libraire, qui me fournit ensuite tous
les livres que je désirais. J'achetai des
couleurs, des vélins, des papiers pour

continuer mes dessins, seule chose que
j'eusse emportée de ma prison. Le hasard
me procura aussi une excellente harpe,
que je rapportai avec une joie inexprimable. Ces possessions, jointes à mon jardin, à
mille sites charmans, que je parcourais sans
cesse, ou dont j'unissais les dessins à ceux
qui m'occupaient essentiellement; l'étude
de la langue allemande, dans laquelle le
bon ministre m'instruisait, remplissaient
tous mes jours, et les rendaient d'une
étonnante rapidité. Tout était heureux autour de moi, et je l'étais presque moi-
même : mes peines morales, qui avaient
résisté à tous les efforts de ma raison,
étaient considérablement adoucies, par les
simples dissipations d'une vie tranquille et
solitaire ; comme les maux physiques, qui
résistent aux grands efforts de l'art, cèdent
quelquefois aux remèdes communs.

Le jeune frère du ministre devint très-
amoureux de Paggy, qui l'aima également.
C'était un homme doux, laborieux, jouis-
sant d'une fortune honnête. Je donnai à ma
fidelle libératrice, un contrat de quinze

cents livres de rente , un fort beau trous-
seau , pour la valeur de cent louis d'argenterie ; je fis les frais de la nôce , et
j'assurai son bonheur. Quoiqu'établie chez
son mari , elle n'en fut pas moins attentive à me servir , et ne voulut pas consentir que je la remplaçasse : nos maisons
étant très-près l'une de l'autre , elle était
sans cesse chez moi. J'étais devenue chère
à toute cette famille. Celle de M. Félix
m'aimait aussi. Bons et vertueux Suisses !
qui vous connaît , vous aime et vous révère. J'étais fière de leur amitié , qu'ils
ne prodiguent jamais , et n'accordent point
au hasard.

J'avais remarqué , chez M. Félix , que
sa troisième fille était d'une extrême mélancolie : on m'avait dit qu'elle était veuve ;
j'attribuais au malheur d'avoir perdu un
époux que sans doute elle aimait , sa vie
volontairement solitaire. Les jours de fêtes ,
ses deux sœurs , mariées dans les environs ,
venaient dîner chez leur père : toute la
jeunesse du canton s'y rassemblait , et
s'amusait jusqu'à la nuit , à mille jeux dont

on conserve l'usage dans les pays où l'on
conserve aussi les bonnes mœurs et la simplicité. Louise, à l'écart, ne les partageait
point ; elle n'allait chez personne, et ne
paraissait pas même chez son père, lorsqu'il y avait des étrangers. En la rencontrant, lorsqu'elle promenait son fils , je
lui avais souvent adressé la parole; mais
un signe négatif m'avait fait croire qu'elle
n'entendait pas le français, ou que je ne
parlais pas assez bien l'allemand , langue
ordinaire du pays , pour me faire entendre.

Un jour d'hiver, je la rencontrai avec
son enfant ; il accourut à moi ; il tomba
à mes pieds , et se fit une légère coupure
à la main. J'avais un flacon d'eau de
Cologne ; j'arrêtai son sang et ses larmes.
Sa mère, dans son effroi , me parla parfaitement français. « Pourquoi, lui dis-
je , m'avoir privée, jusqu'à ce jour, du
plaisir de vous entendre ? » — « Hélas !
me dit-elle, c'est que je ne suis pas digne de
vivre en société » — « Vous , Louise ?
vous ; tendre mère ! fille attentive ! modeste

veuve ! vous méritez, au contraire, d'en être recherchée. » D'une main, elle cacha ses larmes, et de l'autre, elle me montra son enfant. «Que voulez-vous dire, Louise?» — « Que voilà l'enfant de la faiblesse et de la honte. » Je restai interdite. Une minute de réflexion me fit admirer, dans cette nouvelle circonstance, la discrétion et la bonté des Suisses, unies à la sévérité des mœurs : depuis six mois, je vivais parmi eux, et j'ignorais, Paggy même, épouse d'un homme du canton, ignorait aussi la faute de Louise. « Vous réparez, lui dis-je, votre faiblesse par tant de regrets et de tendresse pour votre enfant, que personne n'a le droit de vous la reprocher. »—« L'on ne m'a point encore fait cette peine ; me dit-elle ; mais, c'est à moi de m'en punir : dans ce pays, cette faute est rare ; nous sommes sans cesse entourées de si bons exemples, qu'il faut être bien faible, et bien oubliée du ciel, pour y succomber. Ma mère a failli en mourir ; mes sœurs se sont cachées, et ont pleuré plus d'une année ; et mon père, le plus tendre, le

meilleur des pères ! . . . il ne m'en a jamais
parlé ; mais il a , depuis ce temps, perdu
sa gaieté , et tous ses cheveux ont blanchi
tout-à-coup , depuis ce malheur , auquel
je suis certaine qu'il pense sans cesse. »
— « Pauvre Louise ! il n'a donc pas été
possible de vous faire épouser ?.. » — « Tous
les malheurs m'ont accablée. Venez chez
vous , madame ; accordez-moi un moment,
je vous les raconterai. »
— « Toute ma famille est de Zurich. Un
de mes oncles , négociant fort riche , y
demeure ; il est associé d'intérêt avec mon
père ; il a deux fils. Tous les ans il venait
passer , chez mon père , quinze jours de la
belle saison des vendanges ; nous allions en
passer autant chez lui , pendant le carna-
val : c'était des temps de fêtes continuelles,
que l'amitié rendait encore plus vives
que les plaisirs ; nous en jouissions avec
délices ; nous en parlions sans cesse , et les
attendions avec impatience. Le plus jeune
de mes cousins m'aimait ; mais j'étais trop
jeune ; et lui, trop léger encore , pour nous
marier. Son père se plaignait au mien, qu'il

ne s'attachait point à son commerce: j'étais
sure qu'il me l'était beaucoup, et j'excu-
sais ses fautes.

» Nous apprimes, avec surprise, qu'il
était entré sous-lieutenant dans un des
régimens que votre canton fournit à la
France. J'en eus un chagrin bien vif, parce
que j'entendais dire sans cesse que tous ceux
de nos hommes qui vont dans ce pays-là,
en reviennent moins bons. A son arrivée
en sémestre, il vint aux vendanges. Il m'aimait toujours, et me le disait d'une manière plus agréable qu'avant son départ:
il était moins réservé ; mais j'attribuais
cela à sa vivacité et à son uniforme. J'étais
trop jeune encore, pour penser qu'il avait
changé de mœurs. Mon père le croyait:
car un jour, je l'entendis qu'il disait à
ma mère, devant lui : « Il faut renoncer
à vos projets, Benjamin devient trop libre;
il n'épousera pas ma Louise : » —« A votre
premier voyage, lui dit-il, je serai forcé
de vous traiter comme un officier français.»

» Aux fêtes de l'hiver, nous fûmes à
Zurich. Il redoubla de soins et de ten-

dresse ; jamais je ne l'avais trouvé plus aimable. Un soir, il ne soupa point avec nous : son père en parut fâché. « Ses camarades le dérangent, nous dit-il, et cela me désole : nous rapportons ici l'argent des étrangers ; mais ils corrompent nos mœurs, et nous perdons beaucoup au change. »

» Il rentra pendant la nuit : il était ivre, sans doute ; car il vint dans ma chambre. Ma surprise, ma crainte, mon effroi, mes larmes, mes prières, mes cris qu'il étouffa, rien ne put arrêter son audace ; je succombai sous ses efforts et ses caresses....

» Le lendemain, on me trouva très-mal ; une fièvre ardente, un délire affreux pénétrèrent mes parens de terreur : l'on ne savait à quoi attribuer un mal aussi vif et aussi subit Mon cousin, la tête cachée dans ses mains, pleurait amèrement ; mais personne ne se doutait de la véritable cause de ses larmes.

» Aussitôt que je fus assez forte pour soutenir la voiture, nous revînmes tous ici ; j'y apportai le remords de ma faute

involontaire, auquel se joignit bientôt tout
l'effroi d'un nouvel état. Je le dévorais
mal. Ma famille, alarmée sur le changement de mon caractère et de ma santé,
fit appeler un médecin habile. A sa vue,
je m'évanouis. Il me palpa, et, ne doutant point que je ne fusse enceinte, il le dit
à mes parens, dont le désespoir fut aussi
profond que le mien. Je voulais mourir.
Ma mère me sauva la vie, par sa consolante tendresse et ses soins. Le père de mon
cousin (qui était retourné à son régiment),
lui écrivit de revenir tout de suite à Zurich,
pour m'épouser : mais le colonel, auquel
l'on ne voulut pas dire le véritable motif
pour lequel on demandait un congé, parce
qu'il était du pays, le refusa. On lui écrivit une seconde lettre ; mais il n'était plus
temps. Il avait reçu un ordre de ne per-
mettre l'absence d'aucun officier, sous tel
prétexte que ce pût être ; et, depuis ce moment, soit nécessité, ou que mon cousin
ait changé son amour en mépris, il n'est
point revenu.

» Cette double humiliation faillit égarer
ma

ma raison. Le ciel ne voulut pas ma mort ;
il me la conserva, pour élever mon enfant. Je l'ai nourri moi-même ; je n'ai pas
voulu dérober aux filles honnêtes, l'hom-
mage dû à leur vertu. Ma famille a passé
deux années dans le deuil ; et moi, je le
porte dans mon cœur, pour le reste de
ma vie : je me suis séparée de toutes mes
compagnes ; elles m'aiment cependant toujours : car, touchées de mes malheurs,
elles voulaient oublier ma faute, et, par
une faveur trop grande, me traiter comme
je l'étais avant de l'avoir commise ; mais
j'ai trouvé dans mon ame, la force d'être
juste ; je me suis prescrit une vie solitaire : devenue étrangère à la vertu, je dois
l'être à la société. »

— « Vous ! Louise, étrangère à la vertu !
lui dis-je, en la serrant dans mes bras, et
mêlant mes larmes à ses larmes. Cessez
d'avoir cette injuste et cruelle idée : un
moment de faiblesse involontaire, acquittée
par tant de souffrances, ne détruit point
son précieux germe. Bannissez ce sombre
désespoir : espérez, Louise ; le ciel, tou-

ché de vos sentimens , ramènera la paix dans votre cœur , et , près de vous , celui qui jamais n'aurait dû s'en éloigner. » — « Ah! dit - elle , s'il m'aimait encore ; s'il ne me méprisait pas , je supporterais tout ; je me croirais heureuse ! mais , le mépris et l'indifférence! .... » Ses sanglots lui coupèrent la voix... « Ah ! j'aime bien mieux , ajouta - t - elle , avec une délicate sensibilité , le malheur de répandre des larmes , que celui d'en faire couler ! »

Elle resta une partie du jour avec moi; elle m'enchanta par sa douceur et son amabilité. Chère Louise ! c'était mon cœur qui avait reçu ta confidence , et qui brûlait du désir d'alléger tes peines. Je l'honorais , lorsqu'elle s'humiliait par le récit de sa faiblesse. Et quelle faiblesse , grands dieux , fut plus pardonnable ! La surprise , la nature , la violence et l'amour étaient contre elle. Femmes prudes , femmes hypocrites , qui volez le respect dû à la véritable vertu, rougissez , et rendez à Louise le bien qui lui appartient !

Je formai le projet de tout tenter pour

ramener à Louise et à sa famille un jeune homme égaré. Je m'endormis avec cette espérance, et ma première action fut d'écrire, le lendemain, à son lieutenant-colonel, homme estimable, juste, aimable, dont j'avais entendu faire l'éloge. Je fis ma lettre sur sa réputation, et je mis dans l'enveloppe qui la renfermait, celle que j'écrivis aussi au jeune homme.

« Je suis étrangère (lui disais-je) ; la nécessité m'a forcée de m'expatrier, et un heureux hasard ma conduite aux environs de Zurich. Le sort qui me doit de grandes consolations ; pour acquitter une partie de sa dette, m'a fait connaître votre famille. J'ai distingué Louise par sa douceur, sa mélancolie, et surtout par sa tendresse pour un enfant déjà beau comme elle l'était avant ses malheurs : mon amitié en obtint l'aveu et les détails, il y a quelques jours. Se peut-il que, né dans le pays des véritables vertus, trois années de séjour en France puissent vous faire oublier les devoirs de la nature et de l'honneur ? Avez-vous pu bannir de votre cœur le souvenir de son premier amour ? Cette Louise si belle et si sensible, qu'à seize ans votre égarement a plongée dans l'opprobre, avez-vous oublié ses charmes et sa tendresse ? Une voix secrète ne vous reproche-t-elle pas d'avoir voué, dès son printemps, à la douleur et à la honte, un être digne d'amour et de respect ? Vous seul avez cette rigueur ; car, malgré la sévérité de vos usages, tout ce qui environne Louise, l'honore et la chérit. Elle seule porte le continuel souvenir de sa faute. Son fils vous appelle, et demande un appui dont il aura bientôt besoin ; car Louise, à la fleur de sa vie, consumée par la tristesse, ajoutera bientôt à vos crimes celui d'être son assassin, après avoir été son séducteur.

» Cédez à la voix de la nature ; venez combler de joie une famille respectable qui, depuis trois années, vous accuse de ses peines. Je vous attends, monsieur : un citoyen de Zurich peut commettre une faute, mais non persister dans un crime. Je vous attends. »

Je ne parlai ni à Louise, ni à personne autre de ma lettre; mais je fis passer dans son cœur un rayon d'espérance.
Jamais mon propre intérêt ne m'aurait pu
faire attendre avec plus d'impatience les
réponses à ces lettres.

Depuis mon séjour en Suisse, je n'avais
que d'incertaines nouvelles des affaires de
France : les feuilles publiques, remplies de
contrariétés continuelles, m'avaient forcée
à ne plus les lire. Je savais que beaucoup
de châteaux avaient été brûlés ou pillés;
mais celui où était Darmance n'était sur
la liste ni des uns ni des autres. J'étais
loin de le haïr ; je désirais d'en apprendre
des nouvelles : je désirais plus ardemment
d'avoir de celles de mes amis ; mais comment m'en procurer, sans risquer de découvrir ma retraite? Après y avoir mû-
rement rêvé, je ne pus supporter plus
long-temps le tort apparent d'une indifférence bien éloignée de mon cœur, mais
dont ils pouvaient m'accuser. Elle était
inexcusable, après tout ce qu'ils avaient
fait pour moi. J'écrivis donc à my-

lord de Clarens ; je fis porter ma lettre à la poste de Strasbourg, par M. Félix, qui y allait pour les affaires de son commerce ; je donnais à mes amis, sur ma manière d'être, tous les détails qui pouvaient les tranquilliser. « Mon unique, mais ma profonde peine, leur disais-je, était la nécessité de vivre éloignée d'eux. » Je les suppliais de me donner de leurs nouvelles, poste restante à Strasbourg, sous un nom supposé, les prévenant que vainement ils me feraient chercher, ayant trouvé une retraite où je me croyais inaccessible. »

Six mois s'étaient déjà passés dans cette retraite, sans y avoir éprouvé le moindre ennui. Des occupations douces, de l'amitié, de la raison, et une paix dont j'avais été privée trop long-temps pour n'en pas sentir tous les charmes, c'était plus qu'il ne fallait pour y passer l'hiver presque aussi rapidement que la belle saison. Je m'étais procuré tout ce qui tient aux sensualités de la vie, avec autant de soin, que j'avais abjuré tout ce qui tient au luxe. Que de choses sont inutiles, dans ce genre, à l'homme isolé! J'avais peu-à-peu, non pas dompté, mais soumis à ma raison ma tendresse pour sir George : la solitude et l'absence en avaient calmé l'inquiète agitation; je m'en occupais sans cesse ; ce souvenir était doux : je l'avais identifié à toutes mes actions ; mais sans délire comme sans désespoir. Je m'étais placée au-dessus de tous les autres événemens : le sort ne me traînait point à sa suite en esclave, et quelque longue que dût être encore ma carrière, j'aurais pu la passer dans cette situation, dénuée de bonheur et d'infortune, mais paisible. J'étais riche, et la bienfaisance ajoutait un grand charme à la tranquillité de ma vie.

L'arrivée du jeune parent de Louise me procura une véritable jouissance. Un soir, à huit heures, Williams me l'annonça. Son embarras, sa honte, ses larmes qu'il voulait vainement retenir, tout fut pour moi du plus heureux augure. — « Ah! madame, me dit-il, quel service vous me

rendez! j'étais entraîné, coupable, dévoré
de remords, n'osant demander la main de
Louise que j'avais rebutée. J'allais cé-
der, pour me dérober aux reproches de
mon cœur, au désordre d'une passion
vive et à tous les égaremens de la jeunesse, pour lesquels, j'ose encore le croire,
je ne suis point fait. Louise et mon fils
allaient être oubliés : j'allais les condam-
ner à l'opprobre. Votre lettre me rend à
l'honneur, à la vie et au bonheur, si
j'obtiens le pardon de mon erreur ».... Je
calmai sa douleur, je relevai son courage
véritablement abattu. Il était excédé de
fatigue. Après le souper, pendant lequel
nous parlâmes sans cesse de Louise, il fut
dans l'appartement que je lui avais fait
préparer, plus content qu'il ne l'avait été
depuis trois années.

« Qu'il est faible, me disais-je, le
cœur de l'homme qui sacrifie son propre
penchant à la séduction qu'il méprise! »

Je dormis peu ; j'étais émue de joie ;
j'allais faire des heureux! Combien cette
idée était douce! Dès qu'il fut jour, je

fis prier M. Félix de venir déjeûner avec moi ; je lui racontai la confidence de Louise, les lettres que j'avais écrites et l'arrivée du jeune homme. Son étonnement et sa reconnaissance furent plus forts que sa joie. —« Vous me sauvez la vie, madame, me disait-il en répandant les premières larmes que cet événement lui coûtait ; mon cœur était flétri, et le dégoût s'était répandu sur tout ce qui faisait autrefois ma satisfaction. L'honneur est héréditaire dans notre famille, et la tache qu'y avait faite Louise, était devenue ineffaçable par l'abandon de mon neveu. Je ne pouvais chasser cette pensée ; et la vue continuelle de ce malheureux enfant me la rendait sans cesse présente. Avec quel plaisir je pardonnerai au coupable ! » Je le fis descendre de sa chambre : il voulait se jeter aux genoux de son oncle, qui le reçut dans ses bras. — « C'est ainsi que vous me punissez ? » disait ce jeune homme, plus humilié de tant de bonté, qu'il ne l'eût été d'une juste sévérité. « Voilà, me disais-je, la tolérance du juste ; tous les torts qui l'ont affligé sont effacés par un instant de repentir. » Je les laissai ensemble, pour aller moi-même chercher Louise. Il fallait lui éviter une surprise dangereuse à sa santé affaiblie. Je rencontrai sa mère la première, que j'envoyai chez moi. « Voulez - vous, dis-je à Louise, venir passer la journée avec moi ? J'ai d'heureuses nouvelles à vous apprendre. Sans votre aveu, j'ai écrit à votre cousin ; sa réponse est satisfaisante. »—« Satisfaisante ! répéta-t-elle : après trois mortelles années de silence ! Ah ! madame, c'est polie que vous voulez dire. » — « Nous en conférerons ensemble, Louise, et vous verrez que je ne m'abuse point. » Elle me regardait, pleurait, embrassait son fils, que moi-même je parai de tout ce qui pouvait ajouter à sa beauté.

Son père et son amant étaient passés dans la pièce voisine de celle où j'entrai avec Louise. — « Votre ami, lui dis-je, repentant de sa faute, sera bientôt ici pour en solliciter le pardon. » — « Ah ! s'écriat-elle, qu'il donne un état légitime à mon fils; qu'il rende le repos à mon père; l'honneur à ma famille; qu'il soit certain de ma tendresse; que je sois son épouse une heure seulement, cet instant de bonheur aura suffi à ma vie; que je meure ensuite, je ne la regretterai pas! Mais où est-elle, madame, cette lettre bienheureuse? Qui vous a dit qu'il aime encore la pauvre Louise?...» — « Moi », s'écriat-il en tombant à ses pieds. Elle resta chancelante entre la vie et la mort. Un cri de son enfant rappela ses esprits : elle le prit dans ses bras, et tomba avec lui dans ceux de son époux.

Qu'il était délicieux, ce tableau! je le contemplais avec extase. Le délire des amans, la joie profonde, mais tranquille du père; celle plus touchante de la mère; leur bonheur, rendit ce jour un des plus heureux de ma vie.

Je les gardai tout le jour; et leur mariage fut célébré chez moi à la fin de la semaine. Le jeune époux passa le reste de l'hiver chez son beau-père : il était sensible, aimant, d'un caractère charmant,

mais faible. Que de fautes, dans la société,
n'ont pas d'autres principes !

M. Muri, mari de Paggy, retourna à
Strasbourg avec M. Félix : ils y chan-
gèrent une grande partie de mes pièces
d'or, et vendirent aussi une partie de mes
pierres. Je plaçai dans son commerce, à
un intérêt honnête, leur valeur ; j'achetai la maison dans laquelle je demeurais.
J'augmentai ma fortune par cette sage spé-
culation, que je dus à l'intelligence de
mes bons voisins. J'attendais leur retour
avec impatience ; ils devaient me rappor-
ter des lettres de mes amis : mon cœur
et ma main battaient violemment en ouvrant le paquet qui les contenait.

Mylord de Clarens et sir Edouard me
renouvelaient leurs vives sollicitations,
pour m'engager à retourner dans ma patrie : ils avaient écrit à mylord Arthur de
Gange, parent éloigné de mon père, les
détails de mon extraordinaire situation !
il avait répondu en m'offrant sureté,
asile et protection chez lui, ou partout
ailleurs où je voudrais me fixer. Il offroit

de

de venir me chercher : l'état éminent qu'il avait ne me devait laisser aucun doute sur l'importance de ses soins. La lettre de sir George me pénétra d'attendrissement et de tristesse. Quelle délicate tendresse ! quelles touchantes prières ! quelles vives sollicitudes ! combien de larmes je répandis en lisant ce tableau fidelle d'un cœur aussi pur qu'il était sensible ! La lettre de sir Clarens contenait à peu-près ce qui suit :

« Après l'accident qui me fit reconnaître de Darmance, j'obéis à vos ordres, mistriss ; je revins en Angleterre, emportant avec moi la plus juste douleur, et l'inquiétude que devait me causer votre abandon et les fureurs de votre époux. Mylord Clarens et sir George la partagèrent : et malgré l'ordre que vous nous donniez de rester éloignés de vous , nous ne pouvions être tranquilles, quand l'amour et l'amitié rendaient nos alarmes insupportables. Les troubles dont la France était couverte les augmentaient encore. Nous partîmes, sir George et moi, accompagnés de Paggy et du bon Williams, avec la

résolution de parvenir jusques à vous.
Nous étions loin alors de soupçonner que
vous fussiez enfermée dans une odieuse
prison. Je restai avec mon ami à Lyon,
pendant que Williams et Paggy, déguisés en colporteurs, partirent pour tenter
tous les moyens de vous approcher. Après
avoir perdu quinze jours en tentatives inutiles, Paggy vous vit enfin ; et l'état dans
lequel elle nous manda vous avoir trouvée,
nous désespéra. Nous apprîmes, peu de
jours après, les brigandages exercés sur
les châteaux ; nous courûmes dans la
petite ville voisine du vôtre, pour être à
portée de vous secourir : nous trouvâmes
tous les habitans dans un trouble extrême ;
la terreur était portée à son comble, et
entretenue par les agens secrets du crime.
Nous n'y rencontrâmes ni Paggy, ni
Williams ; mais une lettre d'eux nous in-
diquait le village où ils étaient restés pour
attendre l'instant où vous pourriez trouver
les moyens de les rejoindre, et vous rendre
au couvent, où votre intention était de
vous retirer. Nous nous disposâmes à les

aller trouver à l'instant ; mais nous fûmes ar-
rêtés et gardés à vue, comme gens étrangers et suspects. Jugez, mistriss, de notre
désespoir, en apprenant que la troupe in-
cendiaire se portait du côté où vous étiez.
Sir George, inspiré par l'amour, parla
avec tant de véhémence aux habitans, que,
séduits à la fois par la justesse de ses rai-
sons et par son éloquence, ils nous donnèrent des fusils ; et que, réunis à quelques volontaires et à quelques braves dra-
gons, nous volâmes à votre secours. Les
brigands, frappés ou dispersés, nous laissèrent bientôt les maîtres du château. Avec
quel empressement, mistriss, nous entrâmes dans la tour que Paggy nous avait
indiquée! Nous n'y trouvâmes que la
vieille, tellement saisie par la frayeur,
qu'elle ne put nous dire un seul mot. Nous
parcourûmes tous les appartemens ; nous
trouvâmes Darmance attaché aux grilles
d'une ancienne croisée. A notre vue, sa
fureur fut inexprimable : il nous accusa
de vous avoir enlevée pendant la nuit,
et d'avoir conduit les brigands chez lui

pour l'assassiner. Nos compagnons, indignés de son ingratitude, sans nos instances, lui auraient fait un mauvais parti. Nous lui donnâmes notre parole d'honneur d'ignorer ce que vous étiez devenue, et de n'être venus que pour vous secourir. Il parut ne pas nous croire : nous le quittâmes pour retourner à la vieille, qui, par crainte, consentit enfin de parler. — « Ce matin, nous dit-elle, à cinq heures, j'ai entendu, de loin, le son du tocsin ; je suis venue ici pour en avertir mistriss Darmance : elle n'y était plus. Son époux, qui était furieux, voulait me tuer. Il est sorti du château pour aller à sa poursuite; mais il a été arrêté par des paysans armés, qui l'ont obligé d'y rentrer. J'ignore ce qui s'est passé depuis ce moment. »

» Nous partîmes aussitôt que nous fûmes sûrs que vous étiez échappée, pour nous rendre à l'abbaye de Beaurepaire, où nous croyions que vous étiez retirée. La prieure nous assura ne pas vous avoir vue. Nous revînmes au village voisin de

votre château , où Paggy et Williams
nous avaient mandé vous attendre : nous
apprîmes qu'ils en étaient partis pendant
la nuit, et nous ne doutâmes plus que vous
ne fussiez avec eux. Mais quelle route
aviez - vous prise ? C'est ce que personne
ne put nous dire. Quels dangers ne cour-
riez-vous pas dans le désordre qui régnait
par tout ? Espérant que vous auriez pitié
de nos mortelles alarmes , nous retournâmes à la petite ville d'où nous étions partis. Le lendemain , à midi , l'on nous remit en effet une lettre qui nous rassurait
sur vos périls , et nous ordonnait de ne
pas vous suivre. Malgré cette défense ,
nous partîmes le soir même pour Grenoble,
où nos informations ne nous firent rien découvrir ; nous parcourûmes avec aussi peu
de succès le Dauphiné , la Savoie et une
partie de la Suisse : une maladie assez
grave de mylord de Clarens , dont je fus
instruit par ses lettres que je l'avais prié
de m'adresser à Berne , jointe aux instances que milady Alfied ne cessait de
faire à son fils pour revenir à Londres ,

nous forcèrent de nous y rendre. Darmance
y était arrivé quelques jours avant nous ;
les informations que nous fîmes faire près
de lui, nous garantirent qu'il n'avait pas
été plus heureux dans ses recherches, que
nous dans les nôtres.

» Nos alarmes étaient extrêmes, chère
mistriss ; votre lettre les changea en une
triste tranquillité. Votre secret, sur le lieu
de votre résidence, est une méfiance dont
vos amis ont droit d'être offensés. Sir
George, pénétré d'un sentiment plus impérieux que ma tendre amitié, en a-t-il
moins obéi à vos ordres toutes les fois que
vous l'avez exigé ?

» A votre âge, mistriss, accablée par
l'injuste cruauté d'un époux, armée de vos
vertus, protégée par un parent puissant,
défendue par vos amis, secourue par les
lois ; pourquoi ne pas les réclamer, et
languir sous l'équivoque réputation d'une
femme fugitive, lorsque vous pouvez, fière
de votre conduite, l'offrir à l'examen le plus
scrupuleux, et jouir au sein de l'amitié,
de l'estime et du respect qui vous sont dus

par tous ceux qui ont le bonheur de vous connaître ? etc. »

L'attendrissement que me firent éprouver les lettres de mes amis, fit chanceler un instant mon courage. Je détestais l'espace qui m'en séparait ; je tendis mes bras vers eux ; je fus effrayée du vide où cette séparation me laissait : je pleurai long-temps et bien amèrement ; mais l'ascendant de la raison l'emporta enfin. Une séparation éclatante était absolument contraire à mes principes, et ma réunion à Darmance, impossible. Sir George connaissait ma tendresse pour lui : le devoir et la prudence m'ordonnaient également de le fuir. Je regrettais infiniment la société de mylord et sir Clarens, que j'aimais comme les amis les plus chers et les plus respectables ; mais j'aurais acheté le bonheur de vivre près d'eux, par trop de dangers et de chagrins, pour qu'eux-mêmes, en y réfléchissant bien, pussent désirer de m'y voir exposée.

J'adressai à mes amis, comme je l'avais déjà fait, mes regrets, mes refus, ma reconnaissance et mon irrévocable résolution de conserver, loin d'eux, la manière d'être innocente et paisible que j'avais adoptée.

L'on se souvient, sans doute, de milady Langlade, ma sœur, et des motifs que nous avions eus de la croire d'intelligence avec le duc D..... A la mort de mon père, j'en avais fait insérer l'avis dans tous les papiers français. Le silence absolu qu'elle garda, me fit croire qu'elle n'existait plus. Hélas ! j'étais loin de prévoir que ce serait au fond d'un village de Suisse, que j'aurais les détails de sa triste destinée !

Une famille d'émigrans français était venue s'établir dans le village que j'habitais : ils avaient loué la seule maison qui ne fût point habitée. Cette famille était composée d'un conseiller au parlement de... , de son épouse et deux enfans. Le mari était fort triste, et la femme fort hautaine, à ce qu'il m'avait paru un jour, que le hasard me les fit rencontrer chez notre ministre. Attendant sans doute, de ma part, quelques prévenances, que je ne leur fis pas , nous ne nous visitâmes point : c'était mon désir et ma volonté. Leur frère, abbé commandataire , nommé de Saint-Amand , plus jeune et plus affable que le conseiller, vint passer quelques jours avec lui. Il me fit demander la permission de m'être présenté par le ministre , qui me le peignit sous des couleurs si avantageuses , et qui parut lui-même avoir un désir si vif de me faire faire cette connaissance , que j'y consentis. Il me parut étonné de ne pas trouver en moi la femme extrêmement ordinaire que ses parens m'avaient jugée devoir être , parce que j'avais négligé leur société , et que je recherchais celle de la famille du bon M. Félix, dont les mœurs patriarcales convenaient à mes goûts. Je crus devoir attribuer les différentes sur-prises dont je le vis agité , à cette cause. Mes dessins , ma harpe , Pope, Rousseau , Métastase, lui parurent une société fort extraordinaire pour une jeune femme , iso-lée, modeste, entourée de choses simples, mais très-commodes , peu brillantes , mais extrêmement propres et agréables. Je dus, je l'avoue, lui paraître une énigme assez difficile à expliquer. Il hasarda, avec une extrême réserve, quelques questions relatives aux malheurs de la France et aux émigrations qu'ils causaient. J'y répondis très - laconiquement. Il changea à l'instant de conversation : « Pope, me dit - il, en anglais, en le voyant ouvert sur un pupître, charme donc vos loisirs, mistriss? » — « Il a, répondis-je, dans la même langue, la sagesse de l'esprit et du cœur. » — « Et Métastase? » — « Il ajoute un charme puissant à celui de la musique. » — « Et J. J.? » — « C'est mon apôtre. » — « Je ne m'étonne plus, dit-il, de votre extrême solitude ; avec une société semblable, l'on a peu de besoin de celle de ses voisins. » Sa visite fut longue, et ne m'ennuya point. Mais, je réfléchis avec quelqu'inquiétude, au mot de mistriss qu'il m'avait donné, au lieu de celui de madame, et à la profonde observation avec laquelle il m'avait regardée?

En sortant de chez moi, il retourna chez le ministre, et fut moins discret dans les questions qu'il lui fit sur mon compte. Celui-ci répondit qu'il ne s'en était jamais permis un seule avec moi. « Je vous étonnerai davantage, lui dit-il, en vous apprenant que mon frère épousa, l'année dernière, une jeune personne attachée à madame Carwen (c'était le nom de fille de ma mère que j'avais pris); elle les comble de bontés, de bienfaits et d'amitié ; mais je doute que mon frère soit instruit de tout ce qui l'intéresse. Pourquoi, plus curieux que nous ne l'avons été, vouloir pénétrer un secret auquel semb'e attaché le repos de sa vie ? Nous la chérissons tous ; vous paraissez ravi de la connaître : ne vous privez pas, par une curiosité inutile, du plaisir de la voir quelquefois. »

Deux jours après cette première visite, l'abbé de Saint-Amand m'en fit une seconde. Il fit rapidement tomber la conversation sur les ressemblances. « J'ai, me dit-il, connu une femme charmante et malheureuse, dont la figure, malgré son état de dépérissement, avait une ressemblance frappante avec la vôtre. Je fus l'ami et le confident de ses peines , le dépositaire de ses dernières volontés. Si vous aviez une sœur , mistriss , il serait impossible qu'elle vous ressemblât davantage. » A ce mot, mon cœur battit avec violence, et je répondis , avec un trouble extrême : « J'en eus une , hélas ! » — « De votre âge ? » — « Oui , de mon âge. » — « Elle se nommait Clémentine de Gange , et , depuis, milady Langlade.... » — « Apprenez-moi , m'écriai-je , éperdue , ce qu'est devenu cet être cher et cruel ? » — « Plaignez-la , mistriss : les séductions d'un homme puissant ont commencé sa perte ; le crime et la violence l'ont achevée : milady Langlade , digne de votre estime , est passée dans l'asile de l'éternelle paix.... » Mes regrets furent aussi vifs que sincères. J'avais toujours espéré retrouver ma sœur ; ses malheurs , dont je ne savais pas encore les détails , sa mort et l'isolement absolu auquel je me voyais livrée pour toujours, me pénétrèrent de douleur .....je priai l'abbé de remettre au lendemain , le triste récit qu'il avait à me faire ; mais il jugea

qu'il

qu'il valait mieux , pendant que la blessure était ouverte , avoir le courage de
l'entendre.

« Il vous souvient , mistriss, de la conduite obligeante du duc D....... envers mylord, votre père, et milady Langlade , lors
de la visite qu'ils lui firent ensemble ; de
l'apparent abandon de ses projets , de la
restitution des billets de feu son mari, de
l'arrangement de ses affaires , et de l'oubli
enfin dans lequel il parut la laisser : ces
dehors , si calmes , ne cachaient que sa
fureur et la passion dont il était dévoré.
La résistance de milady ayant surmonté
tous les moyens qu'il avait employés pour
la séduire , il allait sans doute profiter de
l'abandon où elle se trouvait , lorsque
mylord de Gange , et vous , arrivâtes à
Paris. Il ne renonça point à ses projets ; il
fit placer près de vous un laquais, qui
était l'espion de vos actions. Votre femme
de chambre , incommodée par une potion
qu'il avait fait mettre dans ses alimens , fut
remplacée par une femme , nommée Delor,
dévouée à tous les crimes pour lesquels

II^{de}. *Partie.* Q

il voulait l'employer. Avant son départ,
milady Langlade, voulant faire quelques
achats en broderie, la Delor lui proposa
de la conduire chez une marchande dont
le magasin était très-assorti : « Si vous
voulez, milady, lui dit-elle dans la
soirée, passer demain chez la marchande dont je vous ai parlé, vous y trou-
verez des choses superbes ; elle a reçu un
envoi de Lyon, qui n'est pas même encore
déballé ; pour en avoir la première
vue, il faudrait y aller le matin, dès
sept heures ; ce n'est qu'à cent pas d'ici ;
le temps est beau, nous pouvons y aller
à pied, avec un seul laquais. » Milady
consentit à tout ; et se rendit, de très-
bonne heure, chez la marchande, qui fut
désolée de n'avoir point encore fait ouvrir
ses caisses. « Cela durera bien un quart-
d'heure : pendant ce temps, dit la Delor
à milady, j'enverrai chercher votre chocolat. » — À peine le chocolat fut-il pris,
qu'elle se sentit accablée d'une pesanteur
universelle, et sans doute d'un sommeil si
profond, qu'elle ignora jusqu'au soir tout

ce qui s'était passé. Quelle fut sa terreur et sa surprise, en ouvrant les yeux, de voir le prince à genoux à côté de son lit, et de se trouver dans un appartement magnifique et inconnu ! un cri d'effroi lui échappa; à travers ses idées confuses, elle se ressouvint de son déjeûné, et ne douta plus qu'elle n'eût été assoupie par les ordres du duc.

» Il était à genoux, près d'elle, implorant vainement sa grâce, et osant parler d'amour, quand il n'inspirait que de l'horreur ! Milady, désespérée, demandait ou la mort, ou la liberté. La nuit se passa en vaines adorations, d'un côté; en larmes et en reproches de l'autre. Le duc se retira à quatre heures, et l'indigne Delor parut: « Milady, dit-elle, comment avez-vous pu croire que le prince avait cessé de vous aimer ? J'étais près de vous l'observatrice de vos actions, et la confidente de ses projets. Pourquoi résister à son amour ? Fortune et titres (car il peut vous en faire obtenir); plaisirs, bonheur ! vous jouirez de tout cela. Vous êtes veuve : que feriez vous à Londres, avec une médiocre fortune, sous la tutelle d'un père qui vous aime peu, avec une sœur triste et sévère ? Restez en France, milady ; laissez repartir votre triste famille, et ne vous remettez pas sous une insupportable autorité, lorsque vous pouvez jouir de tous les délices attachées à l'amour d'un prince très-puissant. Ah ! si vous aviez vu son ravissement en contemplant vos charmes, pendant votre sommeil ! ..... mais, quel prix plus grand il attache au don volontaire des faveurs qu'il n'a fait que dérober ! » Un cri de fureur et d'indignation interrompit cette indigne femme... « Allons, dit-elle, je vais vous laisser. » Milady resta accablée ; et, n'apercevant aucuns vêtemens, elle fut forcée de rester au lit. La Delor reparut, avec un consommé : « Prenez cela, Milady ; je ne sortirai que lorsque vous l'aurez bu ; et vous n'aurez vos habits qu'à cette condition. » Milady but le consommé. « Le prince est allé à Versailles, et n'en peut revenir que ce soir ; tâchez de dormir quelques heures. » La fatigue d'un sommeil,

procuré par des narcotiques, avait accablé
milady; elle s'endormit naturellement quelques heures. La Delor parut, au premier
bruit qu'elle fit , avec un déshabillé
superbe : « Il faut vous en servir, dit-
elle , ou rester nue. » Elle se leva ; elle
examina le lieu où elle était : toutes les
portes et les fenêtres étaient fermées en
dehors ; elle vit, à travers ses jalousies ,
qu'elle était dans une maison de campagne,
placée au milieu d'un parc, entouré d'un
sault-de-loup. On lui servit un excellent
repas , auquel elle toucha fort peu. « Pas-
sons dans la pièce voisine , dit la Delor:
c'était un sallon superbe, un boudoir délicieux , un cabinet de toilette , rempli
d'armoires et de tables , couvertes de
bijoux , de dentelles, d'étoffes magnifi-
ques : « Vous le voyez, milady , le dieu
qui règne ici , prévient tous les besoins. »
Milady ne répondit que par l'expression
de la juste indignation que lui inspirait
cette nouvelle offense. Elle rentra dans sa
chambre, où le prince arriva bientôt après,
brillant, parfumé ; mais , ni plus aimable,

ni plus agréable qu'il ne l'était le matin.

» Milady ne répondit à ses propos d'amour qu'avec l'horreur que lui inspiraient sa situation et sa fierté. Le prince dissimula le mépris dont elle l'accablait, et se retira d'assez bonne-heure. Le lendemain, elle tomba à ses genoux : larmes, prières, vives et touchantes sollicitations, rien ne toucha ce monstre d'iniquité. Quinze jours se passèrent dans la même situation. Le seizième, on fit reprendre à milady une nouvelle potion soporifique. Elle se trouva dans les bras du prince en s'éveillant. Il avait abusé, autant qu'il était possible, de son sommeil ; il l'accablait encore de ses affreux transports. Milady poussait des cris aigus. Le prince se retira, et fut deux jours sans paraître. Il ne se présenta plus en adorateur patient ; ce fut un tyran, dont les emportemens, les transports, la fureur, la tendresse et la violence, dans ses moyens de jouissance, firent éprouver à votre malheureuse sœur tous les supplices possibles. Pendant un mois, l'on usa si souvent des cruels narcotiques, qu'on lui faisait prendre ou respirer, qu'elle se trouva véritablement empoisonnée. Elle ne vit plus le prince , mais un de ses médecins , qu'elle supplia vainement de se charger d'une lettre pour mylord de Gange ou d'une commission verbale. Il refusa tout. Après quatre mois de l'état le plus douloureux , on la transporta à quelques lieues de Paris, dans un couvent dont la prieure était une femme dévouée au prince : elle l'entoura de personnes si sûres, qu'elle ne put vous faire parvenir aucun signe de vie. Elle était dans un marasme absolu , lorsque la prieure, dont j'étais le voisin , m'en parla avec pitié. « Elle ignorait, me dit-elle, la cause des peines qui la conduisaient au tombeau. » Je sollicitai la faveur de voir cette infortunée, je l'obtins difficilement. Elle allait mourir, lorsque je pus approcher d'elle. La douleur qu'elle m'inspira lui parut si profonde et si vraie, qu'elle me confia ses malheurs : elle me fit promettre d'en conserver le plus profond secret; et d'instruire sa famille de sa mort.

Une lettre que je vous adressai en Angleterre, il y a déjà plus de six mois, ne
vous est sans doute point parvenue. Deux
années de souffrances inexprimables avaient
rendu la vie tellement insupportable à milady Langlade, qui, à la fleur de l'âge,
était vieille par les infirmités, qu'elle finit
sa carrière sans regret ; gémissant cependant de la terminer loin de vous, et d'avoir
négligé vos conseils et votre exemple. »

Ces détails me pénétrèrent de la plus
juste douleur. Je me faisais un crime d'a-
voir soupçonné ma sœur d'une fuite volontaire. Elle était légère, mais honnête : quelques longues, quelles scrupuleuses qu'eussent été nos recherches, je me reprochais de
ne pas les avoir encore prolongées. Mon cœur
était déchiré, en songeant que l'instant où
nous étions retournés en Angleterre, était
celui où tous ses cris nous appelaient à son
secours. Il me semblait les entendre : j'é-
tais au désespoir !... et je conserverai
jusques à mon dernier soupir un souvenir
profondément triste de ce cruel événement.

Quelle disproportion, me disais-je souvent, entre une faute légère et tous les maux qui peuvent en résulter! Si milady Langlade et son époux n'eussent point été aux concerts de la duchesse de Kinston, le lendemain du jour où mon père avait été blessé, milady Alfied ne les eût point insultés. Mylord, furieux, n'eût point passé en France, et tous les malheurs n'eussent point été accumulés sur leurs têtes, par l'infâme duc dont ils firent la connaissance. A quel point le sort est impénétrable!

L'abbé de Saint-Arnoud resta très-peu de temps en Suisse : ses affaires le rappelèrent en France. Quoiqu'il ne sut de ce qui m'intéressait que mon nom, je le suppliai de ne révéler le secret du lieu de ma résidence à personne. Il fut sensible à notre séparation, je le regrettai : et quelques années après, l'ayant vu en Angleterre, je le fêtai : notre connaissance ne put prendre la chaleur de l'amitié par la nécessité de vivre éloignés l'un de l'autre ; mais elle cimenta notre estime réciproque. La belle saison, dont l'influence est si forte sur nos affections, me rendit peu-à-peu une partie du calme que j'avais perdu par la connaissance des malheurs de ma sœur.

Je voulus exécuter le projet depuis long-temps formé de dessiner plusieurs vues de la Suisse ; je réservai celles des environs de Zurich pour les dernières. Son superbe lac, ses côteaux, ses montagnes délicieuses offrent une richesse et une variété de sites admirables. M. Muri, l'époux de Paggy, et mon jeune domestique m'accompagnèrent dans mon voyage, qui devait durer un mois. Nous partîmes : le plus beau temps possible secondait mes projets. Lorsque je ne trouvais pas où me loger pour coucher, je revenais dans le village le plus voisin de la montagne où j'avais passé le jour. Il en est un que l'on nomme Richterwehewiel, renommé par l'habile médecin qui l'habite, et la beauté de deux auberges toujours remplies des étrangers qui viennent le consulter. Prévoyant que je serais obligée d'y

revenir coucher plusieurs jours de suite,
je voulus retenir l'appartement que l'on
m'avait donné ; j'allais faire monter l'hôte,
lorsque je l'aperçus dans son jardin ; par-
lant à un homme que l'on me dit être
le médecin ; je fus le rejoindre. Pénétrée
de l'ouvrage systématique du célèbre Lawa-
ter, citoyen de Zurich, je voulais voir si
la figure du médecin était d'accord avec
sa réputation ; elle me parut l'être parfaitement. — « J'en suis désolé ; il est bien
mal, disait-il à l'hôte. » — « A son âge,
monsieur, il y a tant de ressources ! »
— « Et de dangers ! » — « Vous êtes si habile ! »—« Je guéris les maux du corps, mais
ce sont ceux de l'ame de ce jeune homme
qui causent son péril. » — « Tous nos soins
seconderont vos lumières. » — « Je les lui
prodiguerai, mon ami. Etranger et si aimable ! qui pourrait ne pas s'y intéresser ? »
— « De bonne heure, demain, vous serez
ici ? » — « Avant le jour. Adieu. » Un domestique, les mains jointes et les yeux
remplis de larmes, écoutait et ne disait
rien. — « Vous avez donc un malade ici,

monsieur l'hôte? » — « Hélas! oui, madame, et dans un grand péril! C'est un jeune anglais qui fit, il y a quelques jours, une course forcée dans la montagne; il revint très-souffrant; une fluxion de poitrine s'est déclarée, il est fort mal..» Au mot d'anglais, tout mon sang avait tressailli, et sir George s'était offert à ma pensée. — « A-t-il, demandai-je, quelqu'un d'attentif près de lui? » — « Je le quitte le moins possible; car il n'a que ce jeune domestique, qui donnerait, à ce qu'il me paraît, sa vie pour le sauver; mais il est peu intelligent. Le médecin m'a chargé de chercher une bonne garde. » Je priai l'hôte de me faire voir le malade, pendant que le domestique serait à souper, mais sans en être aperçue, s'il était possible. — « Trop possible, me dit-il, dans l'état où il est. » Il me conduisit dans sa chambre. Chère et douloureuse rencontre! cet être intéressant.... mon cœur me l'avait dit, c'était sir George, accablé par une fièvre violente, une douleur aigüe au côté, et quatre fortes saignées. Je recueillis

toutes

toutes mes forces pour conserver une appa-
rente tranquillité. « Monsieur, dis - je à
l'hôte, ne cherchez point de garde ; mais
procurez-moi dans l'instant un habit complet convenable à cet état. Voilà dix louis ;
ne perdez pas une minute. » Il hésitait.
« En grâce, lui dis - je, ne refusez pas
mes soins pour cet homme malheureux !
Sa vie, peut - être, en dépend. Je vais
renvoyer mes chevaux, mon domestique,
ne garder que l'homme de confiance qui
m'accompagne : ne révélez à personne le
secret de mon travestissement, et comp-
tez sur ma reconnaissance. » Cet homme
était suisse, c'est-à-dire, honnête et discret.
Il me promit un secret absolu, et ne me
trompa point.

Deux heures après, il m'apporta un cor-
set et le jupon de camelot brun, un tablier de toile peinte , un fichu de soie
bleue, une coëffe de linon et un chapeau
de paille, que je pouvais avancer sur ma
figure. Il dit au médecin et au domestique de sir George, qu'il m'avait rete-
nue, comme je retournais chez moi avec

II^{de}. *Partie.*   R

un de mes parens, pour soigner le malade;
qu'il répondait de nos soins et de notre
intelligence.

Muri et moi nous nous établîmes à ses
côtés. Après avoir envoyé coucher le
pauvre James, laquais de sir George,
qui en avait grand besoin, avec quel attendrissement je contemplai cet être adoré! De quelle douleur mon ame était déchirée, en voyant la mort prête à frapper celui pour lequel j'aurais mille fois
donné ma vie! La nuit fut très-agitée;
il eut plusieurs redoublemens de fièvre;
la poitrine paraissait oppressée; le délire
et son agitation augmentaient les douleurs.
Le médecin vint à quatre heures. L'intelligence avec laquelle M. Muri lui rendit compte de l'état du malade, l'étonna.
— « Vous n'êtes point, lui dit-il, un garde
mercénaire: quelle est cette jeune femme?»
— « Nous sommes parens, dit Muri, et
nous tiendrons à la promesse que nous
avons faite d'avoir le plus grand soin de
cet étranger.» Je me tenais à l'écart dans
l'ombre; il me regarda, parut soupçon-

ner quelque mystère ; mais il ne le dit
point. Il prescrivit plusieurs remèdes pour
différens instans, et sortit en promettant
de revenir promptement.

Sir George, après avoir passé deux heures
dans un état assez calme, eut un nouveau
redoublement. — « Mon ami ! sir Edouard !
s'écriait-il, l'avez-vous trouvée ? Ah, Séraphie ! que la vie est triste sans vous, et qu'elle
pourrait être heureuse !... Si vous saviez !...
car vous ne haïssez point sir George ; il
a déjà tant souffert pour vous !... » il m'ap-
pelait, il parlait de bonheur !... il versait des larmes d'impatience et de douleur.... il voulait s'échapper pour aller
chercher Séraphie ! Cent fois je fus prête
à me faire connaître. Jamais l'oppression
du devoir ne m'avait paru si pénible.
« O vertu ! m'écriais - je quelquefois ;
quelle récompense me réservez-vous ? »

— « Quelle est donc cette Séraphie ? demanda, en anglais, le médecin à James,
qui n'entendait pas d'autre langue. » — « Je
ne l'ai jamais vue, dit James ; mais sir
Alfied en est occupé toute sa vie. » Une

nouvelle saignée parut nécessaire ; on la fit : je soutenais sir George ; il ne pouvait me voir. Un évanouissement long et inquiétant m'alarma vivement : je me sentais moi - même défaillir. Il revint à la vie, et il ne me fut pas possible de retenir mes larmes. J'étais en face d'une fenêtre que l'on avait ouverte : le médecin me fixa avec un extrême étonnement ; ses regards pénétrans devinèrent à - peu - près qui j'étais, mais surement ce que je sentais. Depuis ce moment, il ne me parla qu'avec le ton du respect, et ne prescrivit qu'à moi seule le traitement qu'il fallait observer.

James, bon enfant, ne m'observait point. Il était peu intelligent ; je ne l'employais que pour les choses de force ou indifférentes. Mais je ne perdais point sir George de vue ; et Muri secondait bien mes soins. Le médecin, aussi sensible qu'éclairé, prodiguait tous les siens ; il ne négligea rien. Pendant six jours et six nuits d'un péril imminent, il ne quitta presque point mon malheureux ami : j'oubliais

quelquefois sa présence, et je passais du rôle
passif que je devais faire, à ces élans d'une
ame mortellement inquiète. Il était facile
de voir que mon existence était attachée
à celle de celui que je soignais avec un
zèle qui n'appartient qu'à l'amour ou à
l'extrême amitié. Activité, prévoyance,
crainte, adresse, force surnaturelle, j'a-
vais tout, je suffisais à tout. Oh ! qu'il est
affreux de trembler pour les jours de celui
que l'on aime ! de voir les souffrances, le
péril et la mort l'étreindre déjà ! Dans un
moment presque désespéré, j'allais me
nommer ; je ne voulais pas que sir George
me fût arraché, sans connaître l'excès de
ma tendresse et celle de ma douleur.

Le médecin arriva dans cet instant, et la
suspendit un peu ; il trouva le poulx moins
dur, la peau moins aride, le regard moins
égaré : il annonça une crise favorable. Effectivement, une douce transpiration succé-
da, et bientôt un sommeil calme et profond produisit un relâchement total dans
les nerfs. Enfin, à la fin du jour, le changement fut si favorable, que des larmes de

joie succédèrent à celles du désespoir.

J'étais passé dans l'appartement voisin de celui du malade ; là, à genoux, mes bras tendus vers le ciel, je lui offrais la reconnaissance d'un cœur pénétré de tendresse. « Dieu puissant, disais-je, j'adore ta justice ! si jamais Séraphie était tentée de commettre une action qui pût te déplaire, elle se souviendra de ta bonté, et tremblera de t'offenser ! »

Le médecin était rentré ; je ne l'avais point entendu : je le vis, à travers mes larmes, m'observer attentivement. « Et vous aussi, lui dis-je, en courant vers lui, et tombant à ses pieds, ivre de joie et de reconnaissance, vous êtes son dieu tutélaire ! …» Il me releva rapidement ; mais il ne put me répondre : il appuya fortement ma main contre son cœur, et ses pleurs coulèrent …. « Qu'il est sublime, votre art ! » — «Hélas ! répondit-il, il le serait sans l'ignorance meurtrière et la négligente insensibilité : car le succès est presque toujours la récompense des lumières et des soins. » Je lui envoyai le soir, par Muri, ma montre et ma chaîne ; l'une et l'autre étaient fort belles. Il me les rapporta lui-même, et me parut tellement affligé de ce que je croyais devoir un salaire très-cher à l'intérêt touchant qu'il avait pris à sir George, que je fus forcée de reprendre mon présent, et de lui en faire accepter, non sans effort, un moins considérable.

Sir George était encore profondément endormi, lorsque je retournai près de lui. A son réveil, il était calme et reposé, mais très - faible. Je me tenais toujours à son chevet, de manière à n'en point être vue. « Où est-elle donc, demanda-t-il à Muri, cette femme attentive ? Ce n'est point une garde, c'est un ange de bonté et de douceur ! Approchez vous donc. » Je pris sa main, qu'il me tendit, et il porta la mienne à ses lèvres, en soupirant profondément..... « Pourquoi donc ne me parlez-vous pas, me dit-il ? »....—« C'est, répondit Muri, qu'elle ne parle que le jargon suisse de nos hautes montagnes, et qu'elle n'entend point l'allemand que vous parlez un peu. »—Êtes-vous son époux? »—« Non. »—« J'en suis fâché. Peu de moyens, sans doute, lui ont fait prendre un état trop pénible pour sa délicatesse, sa jeunesse et sa sensibilité. Je l'ai souvent entendue pleurer. » Il se souleva pour me voir. J'avais tourné la tête de l'autre côté. — « Elle est presque endormie, dit Muri; elle a passé six nuits de suite: cela n'est pas étonnant. » « Six nuits! répéta sir George: cela est affreux; il ne fallait pas le souffrir... Dort-elle, demanda-t-il, après un quart-d'heure de silence ? « — « Oui, elle dort. » Il lui fit signe de s'approcher, et lui dit, presque bas: « Une de ces nuits, j'étais mourant; j'étais assis, pour respirer; vous dormiez: elle me tenait la tête appuyée contre sa poitrine, et de sa main, elle la serrait pour arrêter le battement violent de mes artères; je sentis ses larmes tomber sur mon front et sur mes mains; j'ouvris les yeux; je rencontrai les siens, et, dans mon délire, je crus voir la figure céleste d'une femme, toujours présente à ma pensée: oh! comme cette vision me troubla! elle n'a pas encore cessé de m'occuper. J'ai vai-

nement , depuis , voulu voir sa figure ;
mais elle est si timide , si modeste, qu'elle
se cache continuellement. » Le médecin auquel il parla aussi de ce rêve , c'est ainsi
qu'il croyait devoir nommer l'éclair de
connaissance qu'il avait eue de ma présence près de lui , feignit de l'attribuer à
la faiblesse de sa tête , et lui défendit de
s'en occuper davantage.

Je fus me reposer. Que le sommeil et
le réveil d'une nuit sans inquiétude , me
semblèrent délicieux ! Mais , que l'idée qui
les suivit fut triste ! « Encore un jour, me
disais-je , et puis il faudra m'en séparer ! ...
pour long - temps.... pour la vie , peut-
être ! mais , j'ai contribué à sauver celle
qui m'est si chère. » Ce souvenir me dé-
dommagea de bien des regrets. Je rentrai
dans la chambre de sir George , avec la
crainte d'en être reconnue. Il me parut
qu'il touchait à la convalescence qui , dans
la jeunesse , suit de si près les plus grands
dangers. Un repos absolu , un air salubre,
une propreté parfaite , des boissons douces;
je pouvais, de l'appartement voisin , veiller

à tout cela. D'ailleurs, le médecin, Muri, l'hôte, et le bon James n'aimaient-ils pas celui que j'aimais ? J'étais assise à son chevet ; il ne m'y croyait pas. « Docteur, dit-il à son médecin, j'ai toujours présente la figure de cette femme ; je veux absolument la revoir. » — « Vous la verrez, et serez certain qu'elle ne ressemble point à Séraphie. » — « Vous avez raison, docteur, personne ne ressemble à Séraphie. »

« Monsieur, dis-je au médecin, lorsqu'il sortit, il est temps que je disparaisse ; une nouvelle observation me perdrait, et lui serait funeste : je ne paraîtrai plus que ce soir à la lumière ; mais je me tiendrai dans l'appartement voisin, et Muri ne quittera point sir George qu'il ne soit parfaitement guéri. Je n'ai rien à vous recommander : quand la sensibilité dicte la conduite d'un homme tel que vous, elle est supérieure à tout ce que l'on peut en attendre. Je vais encore passer la nuit près de sir George, et demain... » Mon cœur était serré ; je ne pus achever... Je fis coucher Muri, et ne gardai que James, qui, à

dix heures , s'endormit profondément. Sir
George de même. Je m'assis de manière à
le voir parfaitement. Jouissons , disais-je,
peut-être pour la dernière fois , de cette
contemplation chérie !... Je lui adressai
alors tous mes vœux , tous mes regrets , tout
ce que mon cœur pénétré me dicta. Je
coupai un peu de ses cheveux ; je tenais une
de ses mains ; je la couvris doucement de
mes larmes. Je m'éloignai ; je revins...
Je ne pouvais m'arracher d'auprès de lui ,
quand lui-même , agité par un songe, serra
la main que je voulais retirer. « Séraphie....
Séraphie... , laissez-moi cette main ... ! ils
me l'avaient ôtée ! .... Le ciel me l'a rendue... Plus de séparation... de chagrins.
Vous êtes libre... le bonheur !... » Il porta
la main qu'il tenait contre son cœur.
Comme il était agité ! « C'est-là ... : oui,
là , continua-t-il , qu'elle est... , qu'elle
sera jusqu'à la mort » Il m'avait attirée
très-près de lui : je n'osais résister , dans
la crainte de l'éveiller. Je voyais ses larmes s'échapper à travers ses paupières ;
je respirais son souffle précipité. Egarée ,

éperdue d'amour et de pitié , j'allais re-
cueillir ces larmes précieuses. Le ciel sans
doute me donna une force surnaturelle ;
je m'arrachai avec un effort si pénible , qu'il
me sembla que mon cœur se divisait ; j'al-
lai, en chancelant , tomber sur un siége
éloigné , et bientôt je sortis , pour ne plus
revenir !

« Où est-elle, demanda-t-il à Muri, en
s'éveillant ? » — « Qui ? » — « Séraphie : eh !
vous ne la connaissez pas , docteur ! Toute
la nuit il m'a semblé la voir , l'entendre ,
lui parler ; elle a fui . . . Elle ne me fuirait
pas , si c'était elle . . . elle saurait que mon
amour ne peut plus offenser sa délicatesse. »
— « Toujours le même rêve , dit le docteur ! en grâce , cessez donc de vous en occuper. » — « Jamais , docteur , que lorque
j'aurai retrouvé véritablement Séraphie :
alors , les soins que je lui offrirai , seront
la plus douce réalité de ma vie ! »

Dans la journée , il me demanda. Muri
lui dit que j'étais partie dès le petit
jour , pour aller près d'une parente malade , qui m'avait fait appeller. Il en fut
désolé

désolé. Pendant trois jours, il me demanda sans cesse ; et jugeant enfin que je ne reviendrais plus, il chargea le docteur de me remettre 25 louis, et une très - belle bourse.

Je restai encore huit jours dans un appartement très-près du sien, d'où je le voyais vingt fois par jour, sans en être aperçue. Je récompensai généreusement l'hôte, dont les soins avaient été si actifs, et la discrétion si parfaite ; et enfin, je dis à Muri de prévenir sir George qu'il partirait le lendemain. Il voulut lui donner une somme égale à celle qu'il avait laissée au docteur, pour moi ; mais Muri la refusa. « Qui êtes-vous donc, demandait sir George, et quel pays habité-je ? » — « Je suis, mylord, un simple particulier, libre, et suffisamment riche pour donner, pendant quelques jours, des soins à un étranger dangereusement malade : vous m'offenseriez, vous m'affligeriez, mylord, si vous me forciez de recevoir un salaire pour une action si simple et si douce. » — « Et cette femme étonnante.... qui s'est échappée, dès que ses soins

II^{de}. *Partie.*   S

ne m'ont plus été utiles ! tout cela a l'air de l'enchantement : j'ai été servi par des anges, qui disparaissent quand ils m'ont rendu la vie ! » — « Mylord, dit Muri, je ne veux que cette petite agraffe qui attache votre chemise sur la poitrine. » — Sir George lui en donna une autre, et y joignit, malgré Muri, quelques pièces d'argenterie,

Je partis avant le jour, pénétrée de mille sentimens divers. La peine de me séparer de sir George était profonde ; mais la satisfaction intime de l'avoir secouru dans un péril imminent ; et celle, aussi douce, de n'avoir rien fait, dans cette occasion délicate, que je dusse me reprocher, étaient si consolantes, qu'elles m'auraient convaincue de l'extrême douceur attachée aux actions justes, si je ne l'eusse été déjà.

Quinze jours après mon retour, j'envoyai secrètement Muri s'informer de sir George. Il était parti la veille, aussi parfaitement rétabli qu'il était possible. Il avait pris la route de Berne.

Rendue à la vie calme et solitaire de ma

retraite, je me trouvai moins forte, moins
courageuse que je ne l'étais avant d'avoir
revu sir George. Je ne regardais plus les
événemens de ma vie comme une suite gé-
nérale des choses ordinaires. Mes devoirs me semblèrent pénibles, mon isolement effrayant : je me surpris plusieurs fois murmurant avec amertume
contre ma destinée. Pendant plus d'un mois,
j'étais ou agitée, ou impatiente, ou profondément triste. La nature, si belle à mes
yeux, s'était couverte du même crèpe
qui entourait mon cœur. Je marchais souvent sans but ; je parlais, je soupirais, je
répandais des pleurs sans m'en apercevoir.
J'étais inoccupée, en travaillant du matin
au soir. Si mes dessins n'eussent retracé
une partie des scènes dont mon cœur était
rempli, je ne sais comment j'aurais sup-
porté le vide de la vie : je me rappelai
souvent ces mots du dernier rêve de sir
George : *Plus de séparation ; elle est libre !*
Hélas ! disais - je, il a des rêves heureux ! je n'ai pas même cette douceur !
Cependant, l'habitude de combattre un

penchant intime et toujours présent , m'a-
vait donné ce courage patient avec lequel
on parvient , non pas à vaincre une passion profonde ; mais à la maîtriser ou l'af-
faiblir : je retrouvai peu-à-peu plus de
calme ; mais il n'était plus celui dont je
jouissais avant mon voyage et la maladie
de sir George. Ce fut dans cet état que je
passai le reste de l'été.

Les premiers jours d'octobre l'on ouvrit
les vendanges : le père de Louise, le bon
M. Félix , célébrait cette fête , et à la
fois le retour de l'époux de sa fille, revenu
en sémestre. Tout ce qui entourait ce respectable père partageait sa joie. J'avais
promis de les rejoindre avant la fin du
jour : je sortis de chez moi à cinq heures ;
je marchais lentement, un livre à la main ;
Williams me suivait avec un jeune agneau
qui ne le quittait jamais. Le temps était
superbe ; le soleil semblait se retirer à regret. Il éclairait mille vendangeurs joyeux,
dont la gaieté faisait retentir les côteaux de
leurs chants d'allégresse.

Je vis, de loin, venir une voiture ; pour

l'éviter, j'entrai dans la prairie qui bor-
dait la route : un moment après, je m'a-
perçus qu'elle était vide, et que ceux auxquels elle appartenait étaient également
entrés dans la prairie, et suivaient, en ve-
nant à ma rencontre, le sentier que j'avais
pris. Pour m'éloigner de ces voyageurs,
je fus diagonalement, et sans tourner la
tête, m'asseoir sous un de ces charmans
bosquets qui ornent toutes les prairies de
la Suisse. De - là, je regardai les deux
étrangers. Oh ! comme mon cœur battit
en les voyant s'arrêter, et fixer l'endroit
où j'étais, puis tout - à - coup s'approcher
avec précipitation ! ... Un cri nous échappa au même instant à tous les trois. Sir
George et sir Clarens tombèrent à mes
genoux. Nous regarder, verser des larmes,
ne laisser échapper que les mots inarticu-
lés ... de joie, de surprise, de bonheur ! ... — « Chère et cruelle amie ! ... »
— « Ah ! sir George ! pourquoi me cher-
chez-vous ? ... » — « Avez-vous pu, mistriss, vous cacher si long-temps à l'amitié... à l'amour ... au bonheur ! ... »

s 3

— « Sir Clarens, oubliez - vous que des liens sacrés, indissolubles..... » — « Ils sont rompus, s'écria sir George ! Le barbare époux de Séraphie n'existe plus !... » Une aussi vive surprise était au-dessus de mes forces : je tombai sans sentiment dans les bras de mes amis... Quel délicieux réveil !... Après tant de douleurs, mon état était un rêve enchanté, dont je tremblais d'être désabusée.

Mes idées, incertaines comme mes forces, me laissèrent assez long - temps douter de la vérité. Sir George serrait ma main contre son cœur : sir Clarens tenait l'autre dans les siennes : ils jouissaient presque autant délicieusement l'un que l'autre de mon émotion, de ma surprise. Je n'eus point l'art imposteur de donner des regrets à celui qui avait rendu ma vie si malheureuse ; je levai mes yeux vers le ciel, et j'adorai ses décrets.

Après être remise de ma vive émotion, je conduisis mes amis chez moi. — « C'est donc ici, me dit sir George, où depuis quinze mois vous avez vécu seule, isolée,

cachée à toutes nos recherches. » — « Mais
sans cesse occupée , lui dis - je , de mes
plus chers amis. Incessamment je leur en
donnerai la preuve : tout-ici est plein de
leur image. »

Paggy , informée que j'étais retourné
chez moi avec deux étrangers, accourut.
Quelle joie, en revoyant sir George et sir
Clarens ! Mais quelle joie plus vive , en
apprenant que j'étais libre ! Elle serrait
leurs mains, m'embrassait, pressait la tête
blanche du bon Williams qui, moins ac-
tif, mais non - moins pénétré de sa joie,
pleurait silencieusement, en levant ses bras
vers le ciel.

Muri parut : sir George, comme réveillé
d'un songe, resta immobile un moment;
puis, tombant à mes pieds : « — Femme
incroyable, me dit-il, avec un transport
auquel son cœur avait peine à suffir,
c'était donc vous?... Mon cœur me l'a-
vait dit : cent fois, depuis ce moment,
cette persuasion a frappé ma pensée. »
— « Voyez, dit Paggy en lui montrant
mon habit de garde malade, la modeste

parure dont mistriss était vêtue près de vous. » Sir George prit cet habit pour le conserver toute sa vie , dit - il. Il embrassa cent fois Muri , et fut enchanté de voir à mon fichu l'agraffe qu'il lui avait donnée. Après quelques instans de ce délicieux désordre , je conduisis mes amis dans un appartement retiré : j'avais des détails trop intéressans à entendre , pour différer plus long - temps. — « C'est à l'amitié, me dit sir Clarens, à vous aprendre ce que l'agitation de sir George le rend incapable de raconter. »

« Nos lettres vous ont instruite , mistriss, au mois de décembre dernier, des inutiles recherches que nous avions faites pour vous découvrir. J'appris , par votre homme d'affaires , que Darmance n'avait pas été plus heureux dans les siennes. Il était aussi de retour à Londres , et se proposait de repasser incessamment en France.

» Vous avez entendu parler , mistriss, de la passion de sir Binkley pour la peinture ? A de véritables talens , il joint de

véritables connaissances : ses goûts le con-
duisent souvent en Italie, d'où, chaque
année, il rapporte quelque tableau de prix.

» Sir Binkley vous avait vue, mistriss, chez mylord de Clarens et à la
course d'Oxford. Votre beauté, vos talens l'étonnèrent : vous l'intéressâtes comme
l'objet de la passion de son ami : il partit pour Rome, et emporta votre souvenir, plus fortement gravé dans son cœur
que dans son esprit : il entretenait une exacte
correspondance avec sir George, qui l'instruisit de votre séjour en France, où Darmance vous tenait prisonnière.

» Le hasard lui fit trouver à acheter un
superbe tableau représentant Gabrielle de
Vergy dans sa prison : c'était vous-même,
les traits, la carnation, la taille, la plus
parfaite ressemblance, enfin. Enchanté de
ce tableau, il l'acheta avec l'intention d'en
faire présent à sir George. Dans le transport, un des angles fut froissé. A son
arrivée, il le fit porter chez le premier
peintre de Londres, pour réparer ce léger
accident.

Un matin qu'il était allé voir s'il était en état d'être transporté chez son ami, il s'assit vis-à-vis du chevalet sur lequel il était monté, et admirait, avec la contemplation d'un artiste, ce chef-d'œuvre d'un art qu'il chérissait.

» Darmance arriva pour prier le peintre de lui copier, en grand, un portrait en miniature qu'il a de vous. Celui-ci, frappé de la ressemblance que cette miniature avait avec le tableau de Gabrielle, dit en riant que la chose était facile, qu'il n'aurait qu'à copier un superbe ouvrage, qu'il montra du doigt. Darmance s'en approcha, et prit sans doute sir Binkley, qui lui tournait le dos, pour un élève. Celui-ci lui jeta un coup-d'œil et continua son observation. Jugez, mistriss, quel cri d'étonnement fit votre époux, en vous reconnaissant dans ce tableau. —« A qui appartient-il, demanda-t-il arrogamment ? » — « A moi, dit Binkley avec froideur, en tournant la tête vers Darmance qui le reconnut. » — « Ce portrait, sir Binkley, est celui de mon épouse. »

— « Non, monsieur, c'est celui de Ga-brielle de Vergy : j'ai apporté ce tableau de Rome. » — « Le hasard ne fait point une aussi parfaite ressemblance. » — « Le hasard l'a cependant produite. » — « Monsieur, dit Darmance au peintre, ce tableau a été fait d'après un original qui m'intéresse beaucoup. » — « Cela est possible, répondit celui-ci : il est sans doute à Rome ; car je réponds sur mon honneur que cet ouvrage en arrive. » — « C'est un vol, dit Darmance furieux. » — « Un vol ! répéta sir Binkley d'un ton méprisant... Monsieur, ajouta-t-il avec le même ton, ce tableau qui vous étonne, vous enchante, m'appartient ; mais je vous le donne, si vous pouvez prouver la ressemblance, en nous faisant voir l'original. » — « Oui, plus je l'examine, plus j'y retrouve les traits, l'air, la taille de mistriss Darmance. » — « Et sa situation, peut-être ? » dit Binkley, en le fixant amèrement. — « De quel droit sir Binkley ose-t-il me faire cette question ? » — « Du droit d'un honnête homme qui déteste le crime et honore la vertu. » — « Serait-ce à moi que vous, l'ami de la vertu et des femmes perfides, adresseriez cette ironique apostrophe ? » — « Je ne suis point l'ami des femmes perfides ; mais je suis prêt à venger l'esclavage, et peut-être la mort de miss Séraphie de Gange, votre épouse infortunée dont les vertus et les charmes n'ont pu fléchir votre impitoyable cœur. » — « Vil ravisseur, s'écria Darmance ! défends ta vie. » Binkley saisit l'épée du peintre qu'il aperçut, se mit en garde, et, par un mouvement aussi adroit que rapide, fit sauter celle de son adversaire. — « Je ne sais point, dit-il, me battre avec un homme dont la colère détruit tous les moyens de défense. Si c'est votre envie, demain nous nous retrouverons ici. » — « Non, répliqua Darmance écumant de rage, je veux que dans l'instant... » Ils sortirent, et se battirent à quelques pas. Darmance reçut un coup mortel. Binkley lui envoya son chirurgien, qu'il rencontra à quelques pas. Une heure après, ce même chirurgien vint le supplier, de la part de

Darmance,

Darmance, de se rendre chez lui. Binkley s'y rendit : il le trouva dictant ses dernières volontés. — « Ç'en est fait, lui dit-il, l'orage continuel de ma vie finit par un coup de foudre : mon intraitable jalousie a coûté le bonheur à une femme digne de l'adoration de l'univers : elle me va coûter la vie... Ce n'est pas payer trop cher tout ce qu'elle a souffert. Si mon repentir et le don entier de ma fortune peuvent faire oublier mes fautes, mistriss Darmance les trouvera renfermés dans cet écrit... Mais en grâce, sir Binkley, apprenez-moi, avant de mourir, quel lieu elle habite? à quels êtres elle doit son existence? » Binkley lui dit que mylord de Clarens avait reçu une lettre de vous, mais que vous y gardiez le plus impénétrable secret sur le lieu de votre solitude ; que vous aviez refusé la protection de vos amis, et le secours des lois, pour vous séparer de lui ; que Paggy et Williams étaient avec vous ; que l'on soupçonnait que vous étiez en Suisse, mais que l'on n'en avait aucune certitude. — « Quoi!

II^{de}. *Partie.*   T

ce tableau...?» Je l'ai véritablement trouvé à Rome, où je l'ai acheté.» — « Sir George ignore-t-il où est Séraphie? » — « Je vous le jure sur l'honneur. » — « Grands dieux, dit Darmance avec douleur! quelle femme je n'ai cessé d'offenser!» Il supplia Binkley d'être son exécuteur testamentaire, et mourut pendant la nuit.

» Instruit par mon ami de cet événement, continua sir George, je partis à l'instant même pour Strasbourg; j'en parcourus vainement tous les environs ; je questionnai le commis de la poste, attaché au bureau des dépêches étrangères; il crut se souvenir que le particulier qui, deux fois, avait affranchi des lettres pour Londres, et, qui était venu en réclamer d'autres, avait le costume des environs de Zurich : je me rendis dans cette ville; j'y fis toutes les recherches possibles ; je parcourus tous les villages entre cette ville et Berne : j'allais poursuivre mes recherches de l'autre côté, lorsque je tombai dangereusement malade à Richterwchewiel.

» Vous savez , femme adorable , à
quels soins je dus la vie! Malgré mon
délire et l'excessive faiblesse dans laquelle
j'étais encore à votre départ , rien ne put
éloigner de mon souvenir l'instant où,
malgré le déguisement grossier d'une garde-
malade , j'avais retrouvé quelques traits
de ma chère Séraphie. Je portai cette idée
à Berne, où sir Clarens vint me rejoindre ,
malgré la persuasion où il était que mon
imagination seule avait formé cette ressemblance. Après avoir resté à Berne et dans
les environs, toujours occupé de ma garde-
malade, nous revînmes à Richterwchewiel supplier mon hôte et mon médecin
de nous dire tout ce qu'il savait d'elle,
les assurant que j'avais à communiquer à
la personne que j'avais cru reconnaître sous
ce déguisement, les choses les plus heureuses : ils m'avouèrent enfin que ma garde-
malade était une femme charmante que le
hasard avait conduite près de moi, à l'instant où j'étais dans le plus grand péril ;
ils me firent tous les détails délicieux de
votre intérêt et de vos soins : ceux de

ma vie entière n'acquitteront jamais ceux de cet inneffaçable moment. Vous jugez avec quelle ardeur nous continuâmes nos recherches du côté où l'on me dit que vous étiez retournée ; nous arrêtions de maison en maison, et j'avais juré de ne jamais revoir l'Angleterre, si je n'y paraissais avec vous.

» Hier, enfin, le sort, lassé de ses persécutions, a commencé pour moi une nouvelle carrière. Je vois Séraphie, tous mes maux sont oubliés. »

Sir George, par le bonheur dont il était pénétré, avait suspendu un moment le souvenir de l'infortuné Darmance. Je versai des larmes amères sur sa fin malheureuse, dont j'étais la cause innocente, et je conservai plus de pitié pour les maux qu'il avait soufferts, que de ressentiment de ceux qu'il m'avait fait souffrir.

Paggy, cette amie si chère et si fidelle, vint nous avertir qu'il était dé, à tard. Après un léger, mais délicat souper, nous conduisîmes nos hôtes dans leur appartement.

Je dormis peu : je me levai de très-bonne-heure. Paggy se plut à me parer de mes plus belles mousselines. Avec quel charmant délire elle baisait mon front, mes mains, mes cheveux ! Cet intérêt si tendre partait de son cœur : le mien était serré, en songeant qu'il faudrait nous séparer.

Sir George et son ami parurent aussitôt que je pus les recevoir. Qu'elles furent délicieuses, les heures que nous passâmes à nous entretenir de nos peines passées ! Je ne cachai plus ma tendresse à celui auquel j'avais causé tant de chagrins : il était tellement heureux ; sir Clarens partageait si sincèrement notre bonheur, que sans un peu plus de gravité dans le maintien, il eût été difficile de juger lequel des deux l'était davantage. Nous passâmes la matinée dans le bois charmant et solitaire, où tant de fois j'avais nommé sir George : je pris alors le ciel et sir Clarens à témoins du serment que je fis de n'être jamais qu'à lui.

J'avais laissé à Paggy, à son mari, au bon ministre le soin d'ordonner la fête la plus agréable qu'ils pourraient imaginer, pour divertir nos amis. C'était un dimanche. Ils invitèrent la famille de M. Félix : ils avaient, dès le matin, envoyé chercher ses filles, mariées à quelque distance. Toutes les jeunes filles , tous les jeunes garçons auxquels l'on annonça que les chagrins qui m'avaient fait rester solitaire et cachée étaient finis, vinrent orner ma maison de guirlandes ; tous partagèrent l'excellent dîner que l'intelligente Paggy avait fait préparer. L'après-midi se passa en jeux , en danses , en témoignages de reconnaissance et d'attachement.

Je laissai cette joyeuse société s'amuser, et je conduisis mes amis dans un appartement qu'ils n'avaient point encore vu : c'était un très - grand cabinet rond, tenant à ma chambre (dont le dessous formait une jolie laiterie tenue avec toute la propreté suisse et la recherche anglaise). J'avais fait bâtir ce petit corps-de-logis en arrivant : je n'y entrais que lorsque j'étais seule. Quand l'on vit isolée , l'on a besoin d'un lieu de repos qui renferme nos

pensées, qui reçoive nos soupirs, qui cache
nos chagrins, qui soit uniquement rempli
de l'objet qui occupe notre cœur. J'avais
fait orner cet appartement avec une simplicité très-recherchée ; ses différens points
de vue le rendaient délicieux. Le lac,
les prairies, mon jardin, le village, le
bois, les montagnes moyennes couvertes de
troupeaux et de cabanes ; celles plus iné-
gales et plus majestueuses, rembrunies par
des bois antiques, et surmontées par des
neiges éternelles, formaient une variété
charmante et superbe. L'ameublement était,
une cheminée de marbre blanc, couverte
de matrices de cristal de roche, très-belles,
et de vases de fleurs ; un parquet en mo-
saïque de bois de couleur différente ; des
fauteuils, de doubles rideaux, un sofa et
une tenture de belle mousseline brodée,
doublée en taffetas bleu ; quelques tableaux, et beaucoup de dessins qui m'a-
vaient uniquement occupée depuis quinze
mois. Mon sécretaire, mes tables, tous
en bois d'acajou, étaient couverts de
belles porcelaines de Suisse. M. Félix

m'avait procuré, de Zurich et de Berne, toutes ces choses-là.

Sir George jugea, par la place que j'occupais ordinairement et celle où était son portrait, que je ne pouvais lever les yeux sans le voir. A mes côtés étaient ceux de mon père et de sir Clarens. Une infinité de dessins commencés ou finis remplissaient des porte-feuilles ; ils étaient tous composés d'après les différens événemens de ma vie : trois tableaux étaient couverts ; je laissai mes amis examiner, avant de les leur faire voir, celui dont la composition m'avait occupée assez long-temps : c'était l'étude semant des fleurs sur le temps. Dans l'intérieur d'un bosquet garni de fleurs, une jeune femme vêtue à la grecque, l'air doux et noble, est assise sur une colonne tronquée : à ses pieds sont les attributs de l'étude, des livres, des dessins, des cartes géographiques et une harpe : son bras droit est appuyé sur une sphère ; elle tient d'une main un livre entr'ouvert ; de l'autre, elle laisse tomber des fleurs sur le temps assis à côté d'elle, mais

sur un plan moins élevé et plus avancé :
il a laissé tomber sa faux, et sourit à l'é-
tude qui le regarde.

Mes amis furent enchantés de la composition et de l'exécution de ce tableau : mais
ils le furent bien davantage, lorsque, enle-
vant le voile qui en couvrait trois, ils
aperçurent ceux dont je m'étais uniquement occupée depuis la maladie de sir
George. C'était l'amitié éplorée aux pieds
d'une statue d'Esculape : un autre, qui repré-
sentait l'amitié couvrant l'amour d'un voile
qu'elle posait en détournant sa tête, qu'elle
cachait de l'égide de la sagesse : un autre ,
où des génies commandés par la nature ,
déchiraient ce voile , brisaient cette égide
et ornaient la statue de l'Amour de fleurs.

Sir George et sir Clarens étaient dans
un enchantement réel. — « Vous le voyez,
leur dis je ; quoiqu'éloignée de vous., j'en
étais sans cesse occupée. »

Nous écrivîmes à mylord de Clarens,
dont la tendre amitié avait de si justes
droits à ma reconnaissance : je lui annon-
çai mon retour prochain ; sir George écri-

vit à milady sa mère, et à son ami sir Arthur Binkley.

Nous passâmes le reste du mois dans une retraite où l'estimable docteur de Richter-wehewiel fut invité à venir nous voir, et où il reçut des preuves de notre reconnais-sance. Je fis don à Paggy de ma jolie maison, dont j'avais fait l'acquisition : je fis promettre, sans effort, à son époux, que lorsqu'elle serait accouchée, ils vien-draient passer une année avec moi en An-gleterre. Ils y vinrent effectivement ; et pendant cette année, ayant appris la mort de leur frère le bon ministre, ils firent vendre tout ce qu'ils avaient, le rempla-cèrent avantageusement près d'une de mes terres, et devinrent la plus chère société de ma vie.

Je partis comblée des vœux, des regrets et des larmes de ceux avec lesquels j'a-vais vécu dans ma solitude. J'aurais voulu ne m'en séparer jamais : mais tel est l'ordre ordinaire des choses ; l'homme ne peut ras-sembler autour de lui tout ce qui peut le rendre heureux. La saison, déjà fort avancée ne me permit pas de prolonger mon séjour plus long temps dans cet asile de la vertu et de la paix.

Je passai par la terre que j'avais en Dauphiné : je sentis mon sang glacé à la vue de cet asile de douleur. Ces murs, ces grilles, ces verroux, cette tour effrayante me fit sur-tout une impression bien pénible. — « C'est donc ici, me dit sir George, que vous gémissiez pour celui qui vivait désespéré loin de vous ?.... »

Nous enlevâmes le reste du trésor qui m'avait procuré la plus grande aisance, et le bonheur plus grand de pouvoir exercer une bienfaisance sans laquelle il n'y en a point de parfait. Il était encore considérable.

Nous nous arrêtâmes très-peu de jours à Paris. Trop de souvenirs cruels me rappelaient mon infortunée sœur. L'exécration publique, réunie sur l'infâme duc, me vengeait déjà, à cette époque, d'une partie de ses crimes.

A la fin de novembre, nous arrivâmes à Londres : mon homme d'affaires était

prévenu de mon arrivée. Je trouvai mylord de Carens chez moi. Cette preuve
d'estime et d'amitié me pénétrèrent de joie
et de reconnaissance. Sir George avait disparu : il revint avec milady sa mère,
dont l'empressement pour moi ne se dé-
mentit jamais. Enfin, après une année de
deuil, et quatre des plus cruelles agitations, âgée à peine de ving-deux ans, j'u-
nis mon sort à celui de sir George, et depuis ce moment, j'ai joui de tous les biens
que peuvent donner l'amour et la tendre
amitié.

FIN.